石武耕 譯
吳坤墉 校閱

附錄
張寧
考論死刑

UTOPIE

阿
Albe

思索
斷頭台

Réflexions
sur la
guillotine

La publication de cet ouvrage a bénéficié d'une aide du Bureau Français de Taipei.
本書出版獲得法國在台協會的協助。

奪朱04

卡繆／思索斷頭台（附錄：張寧/考論死刑）

Albert Camus / Réflexions sur la guillotine

思索斷頭台

作者｜阿爾貝‧卡繆 (Albert Camus)

譯者｜石武耕

翻譯校閱｜吳坤墉

考論死刑

作者｜張　寧

中文校對｜陳正益

美術設計｜楊啟巽工作室

電腦排版｜辰皓國際出版製作有限公司

印刷｜辰皓國際出版製作有限公司

出版｜Utopie 無境文化事業股份有限公司

在場｜精神分析叢書｜總策劃／楊明敏

奪朱｜社會政治批判叢書｜總策劃／吳坤墉

地址｜802高雄市苓雅區中正一路120號7樓之1

電話｜07-2239100

傳真｜07-2255307

Email address｜edition.utopie@gmail.com

初版｜2012年3月

第二版｜2015年4月

定價｜250元

ISBN｜978-986-85993-4-5

Albert Camus

Réflexions
sur la
guillotine

目
錄

contents

中文版的
一些說明

　　阿爾貝・卡繆的「思索斷頭台」這篇文章，最早收錄於1957年由Calman-Lévy出版社出版的《思索死刑》（*Réflexions sur la peine capitale*）一書。在這本今日已然成為經典的集子裏，還有一篇重要的文章，是匈牙利裔的寇斯勒（Arthur Koestler）於1955年在英國出版之異議小冊「思索絞刑架（Reflections on Hanging）」的法語譯文；另外就是Jean Bloch-Michel 撰寫的序言，及一篇名為「死刑在法國（La peine de mort en France ）」的研究報告。

　　1957年，在寇斯勒發動全國性之廢除死刑運動的兩年之後，英國開始逐步修法廢除死刑。但在法國，死刑依舊存在。

　　1979年，在《思索死刑》增訂版的序言中，Jean Bloch-Michel 寫道：「……別忘了，民主化的西班牙迫不急待地施行的第一項變革就是廢除死刑。這是在1978年12月6號舉行的制憲公投中做出的決定……如今，法國成為西歐唯一一個還有死刑的國家。然而我們可以相信這種情形不會一直持續下去……」[1]

　　兩年以後，1981年的10月9日，通過國會表決，法國廢除死

1・ Arthur Koestler/Albert Camus, *Réflexions sur la peine capitale*, Ed. Gallimard, Paris, 2002, p.17。中文為筆者所譯。

刑。

2002年，在法國已經廢除死刑的21年以後，Gallimard出版社又出版了一個新的《思索死刑》增訂版。出版者強調：「為何要重新出版這些思索呢？除了這本書的歷史價值之外，也因為這個辯論並未終止；它成為了一個國際性的議題，所以換了個地方，而且範圍擴大。更因為這些在1957年能夠撼動法國的論點，在那些時至二十一世紀的開端還在執行死刑的、尤其是民主的國家，依然是切中要害的⋯⋯」[2]

然後，Gallimard出版社2008年又單獨將卡繆的文章，加上將近一百頁的深入分析，在其Folioplus Philosophie叢書中出版了「思索斷頭台」[3]。這個叢書以高中生為對象；而這篇文章的經典價值，除了讓出生在已經廢除死刑的法國之讀者了解這個歷程，更重要的，是闡明死刑不是有效抑制犯罪的方法，並且比傳統社會的以牙還牙還要殘酷野蠻，還可能是讓國家、或者讓國家的掌權者將因其怠惰失職而養成的罪犯「毀屍滅跡」的手段。如果國家的暴力，託詞於一些理論與現實上都不能成立的理由，只是為了保護權位而殺戮，那麼民主，就必須是要對抗這樣的國家！因此，死刑的廢除，是現代民主國家邁向「社會的人性化（humanisation de la société）」過程中，一個重要的里程碑。

回顧阿爾貝・卡繆的「思索斷頭台」這篇文章的出版歷史，或許也就說明了我們認為應該在今日的台灣出版其中文譯本的理

2・ P.9, Ibid。中文為筆者所譯。

3・ Albert Camus, Réflexions sur la guillotine, Ed. Gallimard, Paris, 2008.

由。可以說,死刑之存廢在今日的台灣尚且是一個意見極度對立的爭議。在期待這個命題真正進入理性辯論之際,卡繆的這一篇文章,可以對於尚未形成意見的讀者提供一種思索的角度,甚至對於支持或反對廢除死刑的人,也可以做為檢視自己意見是否足夠深思熟慮的參照。畢竟認識死刑、思索死刑之後,我們才能真正地支持或反對死刑。

在翻譯工作上,針對卡繆寫作的1950年代,當時法國與阿爾及利亞之社會政治氛圍的理解,法國社會學家Valentin Pelosse給予我們非常多的協助,在此特別致謝。我們也感謝林琪雯小姐對中譯文提出的諸多意見。

這本書的第二部分,則另外收錄了日內瓦大學張寧教授的「考論死刑」。

張教授具有深厚的史學素養,在法國從學於哲學家Jacques Derrida時,受到Derrida的啟發與鼓舞,因而開啟她最近十餘年來致力死刑研究的學術歷程。

「考論死刑」的初版刊載於中國的《年度學術》2004年版。這篇文章申論死刑的緣起與演變、各國執行死刑的樣態與官方說法、死刑存廢的論據與爭辯,相信可以幫助讀者對死刑本質有更全面的認識與思索。而張寧教授不僅同意我們收錄此文,更在百忙之際,為本書修訂出新版的「考論死刑」,在此特別致謝。

吳坤墉

2012年3月

卡繆：
思索斷頭台

在找到自己的答案之前，我想先看看人家的
——代譯序

(1) 議題

我記得你那天的表情。我告訴你，我剛接的工作，是翻譯一本卡繆的書，你以為是小說之類的，我就大略跟你解釋了一下，這其實是一篇關於廢除死刑的文章。然後你安靜了幾秒沒接話。

你的疑慮溢於言表。在你印象中，沒聽過我主動對這個議題發表意見。但是我卻沒頭沒腦地，就要幫別人去做他們的運動。你不明白我在想什麼。

而我明白的是，我想多接觸一些說法，就是因為我自己對這一切也不太明白。

我知道有些人受到冤枉。我知道世界上有些人是人渣。我知道報復不能修復損害。我知道受傷的人的確會悲痛會渴求報復。我知道我害怕行使暴力手段的政府。我知道我希望政府能替我們除去禍害。我知道有些案子疑雲重重。我知道有些案子罪證確鑿——許多片段的知道，堆疊起來，卻變得什麼都不知道了。

我不敢說我的意見，是因為我說不出一整套有頭有尾、能說服自己也說服別人的意見。那麼，就不要管它了，不好嗎？如果是別的問題，類似相機要買Canon還是Nikon、大衣該選黑色還是

海軍藍之類的問題，也許是無所謂的吧。沒意見就沒意見，把爭辯的工作留給那些有熱情與知識的專家，其實也不太要緊。問題是，一旦事涉生死，就容不得我們這樣逃避了。因為我們都會在面臨危險時感到自己對死亡的恐懼，都會在受到傷害時希望別人去死；因為我們都會自問，哪個才是我自己，或是我要選擇什麼樣的自己。因為這關係到我們想怎麼過完往後的人生、想要生存在什麼樣的社會。

雖然我們，我猜你也跟我一樣，對於這個煩人的問題暫時還給不出那麼篤定的答案。我們這樣才比較像正常人，不是嗎。但是，確實也有些人，不但確信自己找到的答案，還很積極地想要說服別人接受他們的答案。

其中一位就是這篇文章的作者，阿爾貝‧卡繆。

(2) 作者

我知道你讀過他的《異鄉人》。那本篇幅簡短、語句明白、場景具象的小說，可惜沒什麼「劇情」。他寫的其他的東西，你稍微翻過，但也不是很有興趣。

不過，他這個人，你說不定會覺得還滿有趣的。可能比他的作品還戲劇些。

你可以先試著google一下，關鍵字「卡繆」、「加繆」或「Camus」。你首先會讀到：他是法國作家，拿過諾貝爾獎，小說、劇本、隨筆、社論都有在寫。他親身投入抵抗納粹的地下組織。然後，你會在google圖片那邊看到一位長臉型男或叼煙、

或微笑、或思索的照片。所以，這個人兼具了才華、豪邁、俊美（所以，不讓人意外地，他女朋友也很多。人帥真好）。聽起來好討厭，不是嗎。後來他還真的英年早逝了。

　　但他並不是生下來就是天之驕子。他的出生地不是巴黎，而是阿爾及利亞東部的康士坦丁，從法國內地看來偏遠到不能再偏遠的偏鄉。他在那裏成長，直到大學畢業。他的家族是十九世紀就響應政府號召，前往阿爾及利亞「開墾」的那一批法國移民，但他們家並不是什麼養尊處優、居高臨下的殖民者，用我們現在的話來說，他們不是那種天龍人。他們是住在貧民社區的那種勞工階級，雖然是白人，卻是白人當中的底層。當時的阿爾及利亞理論上是「法國內地的一部分」，但是你不難想見，對於阿拉伯人的同化政策其實從未落實：雖然你跟你的「鄰人」在同一個空間生長，但你們卻過著不同的生活；你相信這裏就是你的家鄉，你的鄰人看你卻始終是「外來者」——時至今日、在世界上的某些角落，我們似乎也見過的情境。

　　他一歲的時候，爸爸就死在一次大戰的戰場。他對爸爸僅有的印象，就是你等下在這篇文章一開頭會讀到的「爸爸去看砍頭」的故事；其實他在《異鄉人》、以及還沒寫完的《第一人》也都用過這個橋段。或許，這段既模糊又明確、既近身又遙遠的經驗，逐漸形成了他對死刑的反感。不識字的寡母與外婆把小卡繆拉拔長大；原本，他外婆是希望他小學畢業就去做工的。多虧了小學老師堅持：「你家小Albert有天份不唸書可惜啊」，還幫他找獎學金，才讓他上了中學、進而半工半讀唸完了大學。

他的寫作生涯是從新聞工作開始的。25歲那年，卡繆成為了《阿爾及爾共和報》（*Alger Républicain*）的記者，主跑政治、司法、社會線，同時身兼副主筆與書評。二戰爆發後，身在法國內地的他又投入了地下抗戰報紙《戰鬥報》（*Combat*）的工作。這些經驗讓他看到更多社會百態：在報導工作上，他見到的是罪犯的面目、以及法庭的實況。在抵抗運動上，與納粹的戰鬥以及與共產黨的不歡而散，讓他體會到：若將集體理想置於個人尊嚴之上，可以造成多大的災難。

他一直自我認定是地中海的陽光男兒。不像那些巴黎的文人，他不會堆積華麗的詞藻、言必引經據典。他更像尼采，喜歡直指人心。他在小說、劇本、隨筆等作品中一再傳達的兩個核心觀念也不難懂，你可能也聽過，就是「荒謬」與「叛逆」。不過他賦予這些關鍵詞的含義跟平常的用法不太一樣，要注意一下就是了。

這兩個概念其實是扣連的。他認為，這個世界的問題在於「荒謬」，而這個問題的解答就是「叛逆」。大家都活得很無奈、很莫名其妙，無論你是不是努力付出、行善積德，到頭來都會死，大家都不想死但是還是得死，死了好像就什麼都不剩了。人類，他會想要知道他的生命、或是這個世界的意義是什麼。可是他倒楣、悽慘的地方就在這裏。要嘛，他找不到意義，要嘛，找到的意義很鳥。以前，我們還能期盼神會來救我們，可是現在也沒有神可以相信了。無情的時間，摧毀、抹消了我們珍惜的一切。人生到頭來什麼都不剩，做什麼努力都是徒勞無功；就像薛西佛

斯,永遠在推他那顆爛石頭。這就是「荒謬」。

　　一般人想到這裏大概就灰心了,搞不好都去諮商師那裏掛號了。但卡繆卻沒有因此變得頹喪、苟且或虛無。對於荒謬的宿命,他提出的對策說來一點也不複雜:就算生命沒有現成的意義,但我們還是可以勇敢面對這個事實,並活出自己界定的意義。我們不但不必放棄思考自己的生命,我們還可以有所行動,由此創造、展現自己的價值與尊嚴。就算沒有結果,也不要放棄過程;即使沒有永恆,至少還有當下。就像安西教練說的,如果現在放棄,比賽就真的結束了。這樣一來,你問心無愧、勇者無懼,就獲得自由了。這就是卡繆的「叛逆」。

　　因此,他「叛逆」的對象正是看似無可抗拒的「荒謬」。他的反叛不但沒有那種目空一切的破壞性,反而有一種堅定的信念、一種積極的熱情。不過,因為叛逆的終極目的是維護意義與尊嚴,所以必須切記:就算是為了良善的、正當的目的,也不能採取邪惡的、不正當的手段。壞事就是壞事,不管你有多好的理由,壞事就是壞事。要自我要求,時刻保持心智的清明,克制自己的衝動,記住對於原則的堅持。要順應良心,即知即行,明知不可而為之。

　　依照他的觀念,如果他覺得做什麼事是對的,那就應該立刻起而行,做點什麼。於是他做了。

　　所以他寫了這篇文章。

(3) 閱讀

現在，我們可以一起來讀他的這篇文字了。

坦白說，我第一次讀到這篇稿子時，我雖然能夠理解他部分的論點，但在更多的地方，我卻感到一種距離，甚至有些排斥與厭煩——或許是因為，他的立場太堅定了、語調太自信了。這本書的主題是死刑，立場是反對死刑。目的則是說服像你、我、你我的親友這種熱情沒他那麼深、立場也沒他那麼堅定的平凡讀者。我們都記得江國慶的不幸。我們的惋惜是真的。但是我們也記得陳進興，以及他所製造的不幸。我們的忿恨也是真的。所以，我們的猶疑與動搖也是真的。

但是卡繆自己也不是沒有動搖過。他有許多投入地下抵抗運動的朋友都死在通敵政府與德國人手上，因此二戰勝利、法國展開肅清時，他也一度支持死刑，主張對那些人進行「嚴厲的報復」。但是他很快就放棄了要仇人償命的念頭，並回歸到他的原初主張：反對一切死刑。1957年，他寫出了這篇「思索斷頭台」，自此成為廢死運動的代表性文獻。因為要說服的對象是1950年代的法國讀者，卡繆列舉了許多當年的時事作為例證，也提及許多當時的法國社會人盡皆知的常識。對21世紀的我們來說，這些掌故可能讓這本書略顯晦澀，但是作者意圖傳達的，其實只是一些並不複雜的論點。

所有反對死刑的論述都會提及「誤判的可能性」，卡繆的這篇文章也不例外。無論是死刑的支持者或反對者，對於「須避免司

法錯誤、有冤案疑慮者不該判處死刑」這項觀念，通常是一致認可、沒有疑義的，差別只在於用什麼手段來避免冤案。這是比較容易獲得共識的部分。

雙方爭執的焦點，往往是另一個更有道德色彩的問題：為什麼連那些擺明有罪的犯人都不能殺呢？在台灣社會的語境中，大家常常會認為，連罪證確鑿的惡徒都不殺，想必是因為要「原諒、寬容那些壞人」，要「維護罪犯的權利」。王清峰在她宣言的標題中使用了「寬容」、李家同在文章中表達的「寬恕」，或是朱學恆發表的「誰願意和受害者站在同一邊」，都是針對這個觀念的闡釋或詰難。

但是卡繆反對死刑的理由，至少照他自己的說法，完全不是如此。相反地，他極力跟這種論點劃清界線：「我不是那種人道主義者」。換句話說，他在感性上並不同情、也不原諒那些惡徒。照他的說法，他反對死刑，是出於功利的考量：饒「他們」不死不是為了他們，而是為了「我們」。他認為死刑不但沒有正面功能，還會對人類社會造成負面影響。

所謂的正面功能，就是嚇阻力；卡繆要證明的就是，這種正面效應並不存在。我們希望死刑能夠發揮的效果，也就是嚇阻潛在犯罪，其實根本沒用。因為「考慮到刑罰而放棄犯罪」本身就是種理智的認識，但是這對於常業犯罪沒有用，因為他們的理智已經認定這種風險是可接受的，對於衝動犯罪也沒有用，因為他們犯案時本來就是失去理智的。

你也許會認為，他們是本質上的突變、不良品、只是機率極低

的例外；他們是禽獸、是怪物、是跟「我們」全然不同的「東西」。但是，會這樣想的你，其實是個幸運的人，因為你的生命未曾落入低谷。只是，卡繆想告訴你的是，生命的境遇是說不準的：也許，平日的我們相當滿意於自己的神智清明、溫柔體貼，但若是某天，我們真的嚐到了劇痛；當我們遭逢了心碎或絕望，被漆黑又炙熱的憤怒包覆，陷入無底的自我憎恨……我們才發現，這些理智、良善竟能這樣消散得無影無蹤；我們的腦海中冒出莫名的、源源不絕的惡念，那樣鮮明的殘忍畫面甚至嚇壞了我們自己。即使我們用意志把它們壓抑、澆熄了，但我們從此知道了，那些人在做出那些事的當下，也就是順從了心中湧現的這種衝動。我們才發現，啊，原來是這麼回事啊。原來這也是人性的一種樣態：我真的跟「他們」是同一種生物。「他們」可能隨時隨地出現在我們周遭。

當然，生物衝動永遠不能當作免除責任的藉口。但是，「責任」，無論是道德上的還是法律上的，是另一個問題。卡繆在這裏要說的是，「人就是會變成這樣，事情就是會這樣發生」。所以我們認為理所當然的警惕效應，在卡繆看來，其實只是我們一廂情願的想像：死刑沒有嚇阻功能，只是我們希望它有。

在論證了死刑並無正面效益之後，卡繆要談的便是死刑帶來的負面影響。他認為，死刑體現、並且深化了我們（人類全體）的精神以及文明的黑暗面，因此，死刑是有害的。

你會發現，卡繆很強調克制衝動的重要。他認為，我們要誠實面對人性的弱點：包括你我在內的人類共同擁有的殘忍、嗜殺、

衝動、愚闇等等野蠻的、動物性的本能，如此才能防止自己因為被這些本能淹沒，而落入「the dark side」。這其中也包括我們因死刑而起的殺戮想像：想到他們被砍頭（或是槍斃、吊死）就讓人覺得很爽快，而且，因為那是壞人，所以我們不會良心不安。但是卡繆認為，我們要提防的正是這種爽快。因此，反對死刑則是為了保護身為公民的「我們自己」，為了不讓我們墮落成像「他們」一樣的人。他先論證，死刑並沒有遏止犯罪的效益。既然如此，如果這種作法並不合乎理性與效益，那麼我們殺人就只是出於仇恨與報復而已，這樣的「我們」就變成了像「他們」一樣，被激烈的衝動壓倒理智、破壞原則的人。

也有些時候，我們支持死刑的理由並不是那麼情感式，而是更偏向理念式：我們會說，實施死刑，是為了維持治安才不得不為的無奈之舉，而且我們執行死刑的方式專業而人道。所以，他花費那麼多篇幅去表達死刑過程的血腥、粗鄙與殘忍，並不是為了顯示死刑犯很可憐，而是要讀者正視「我們做了什麼事」。時至今日，執行死刑的手段或許已經有所改變，但是「國家殺人」的本質是不變的：對於身為公民的「我們」來說，正因為我們是民主國家，我們的法令是由我們選出的民代制訂的，所以國家的行動是我們授意、授權進行的。國家的行動就是我們的行動。我們在殺人。

於是我們就得自問：我們這樣殺人是「對」的嗎？我們會說，為了什麼目的，所以可以殺掉這些人。但是卡繆從根本上就拒斥這種邏輯。基於他參與共產運動、以及對德抗戰的經驗，卡繆認

為：納粹與共黨政權的暴行，來自與他們有意識的「把人當成工具」：為了達成某種理想，所以必須消滅低等人種或者階級敵人。於是卡繆堅持，無論目的為何，都不應該把殺人當成手段；更不應該讓大家普遍認為「為了什麼理由所以殺人也沒關係」。一般民眾有了這樣的觀念，可能會對彼此更兇殘、犯下更多的殺人案；而這樣的人民所支持的國家握有「殺人有理」的權力，導致的就不只是小規模的殺人越貨，而是大規模的恐怖，是極權主義的政治迫害與屠殺。

最後，卡繆談到了死刑合理性的神學預設。至於生長於東亞的「我們」，就算沒有基督宗教的文化背景，也可以試著從我們習以為常的觀念背後的儒釋道背景，來回答類似的問題：「我們真的還相信天道酬勤、死後有靈、因果報應嗎？如果不是，我們如何解釋錯判、縱放、或是罪與罰不成比例的問題？」當然，我們可能也要確認一下，「我們的傳統」是不是真的就像我們認為的那樣：在你稍後會看到的，張寧的文章裏，就整理了許多中華文明如何構想、實踐的資料。大家常常會驚訝地發現，原來歷史上的開封府並沒有死刑的終審權……

這些就是他主要的論點了。沒那麼難懂，對吧。

(4) 這本書

張娟芬選擇「殺戮的艱難」作為她的書名。就像她想表達的，決心、下手殺掉像自己一樣活生生的人，是件艱難的事。但我想，忍住不殺也是很艱難的：不然死刑存廢這個議題就不會這麼

爭議、這麼麻煩了。若要支持死刑，並接受過去有人、未來也必然有人因死刑而冤死的事實，也要認可國家有權處置人命的理念，就必須與自己的某些信念、也就是某部分的自己作戰。但是克制住對於受害家屬的同理心，拒絕那些受到傷害、失去所愛的人，因為心痛、絕望而亟欲實施的報復，也是與自己的作戰。我們在心理上所感到的同樣是種殘忍、是種痛苦。不管選擇哪邊，都很掙扎，都會失去什麼東西。所以我們才那麼需要做選擇的理由，即使這些理由永遠都不夠多。

卡繆在這裏說了很多理由，但那是卡繆的意見，卡繆的立場。我幫你聽到他想說的話，但那是他的話。我自己的立場呢？我不是他，我有我的生命經驗、我的語言、我的思考。沒有誰的意見會完全與誰一樣。他的某些觀點啟發了我的思考，但我也會懷疑他的某些說法。他的某些論點一開始沒能獲得我的認同，卻在預料外的地方應驗（例如，關於酒精的描述，就由Makiyo為我們親身示範了）。也有些我關切的東西，卡繆沒有談到，而我們也沒機會追問他的意見了。

所以，我仍然覺得我無法用自己的名義，向你保證「相信我，這樣就對了不會錯」。我說不出口。我還在找自己的答案，即使我讀過了這篇卡繆的文章，我仍不確定他的意見是不是我的答案。當然，我的答案也不會是你的答案。不過，如果你也還沒有答案的話，我們至少可以繼續思考、繼續懷疑，直到找出答案為止，雖然我不太確定要找多久。我想，能做到這樣也不錯了吧。

最後，這篇文章的中譯不管出了什麼錯，一定都是我的錯。希

望你能原諒我。

石武耕

2012年3月

思索斷頭台

在1914年的大戰[1]之前不久,一名罪行格外令人髮指的殺手,在阿爾及爾[2]被判處死刑(一戶農家被他滅門,連幾個孩子也未能倖免)。犯人原本是農場的雇工,他在殺人時就因為見血而亢奮,將被害人的財物洗劫一空則更顯出他的惡性重大。此案引起輿論一陣譁然。大家普遍認為,就算是判他殺頭[3],都還太便宜這等禽獸了。有人同我說,我父親就是這麼想的,而殺害小朋友這件事又特別令我父親痛恨。我對父親的事情所知不多[4],其中一件就是:這是他生平第一次想去看處決。他天還沒亮就起床,前往本市另一頭的刑場,此時刑場周圍已擠滿人潮。他從不曾告訴別人,他那天早上看見了些什麼。我母親只說,父親飛奔回家時,神色慌亂、也不答話,就在床上躺了下來;不一會兒,就翻過身,嘔吐了起來。他剛發現了,在漂亮的說辭底下,被掩蓋的那關於死刑的真相。這時他還能想到的,已不是那些遇害的孩童,反而只剩那具剛被人扔上斷頭台斬斷脖子的、仍在抽搐的屍首。

我們不得不相信,這個儀式性的做法是如此駭人,才能壓過一個單純正直男子漢的義憤填膺,甚至這項他原本認為天經地義的

1　即第一次世界大戰。

2　阿爾及爾市當時是阿爾及爾省的首府。彼時之阿爾及利亞尚未獨立,行政上劃分為阿爾及爾、歐蘭、康士坦丁三省,就法理而言不屬於由法國殖民部負責管理的殖民地,而是內政部轄下的法國本土省份。阿爾及爾市現為阿爾及利亞人民民主共和國之首都。

3　自1792年至1977年間,法國之死刑皆以斷頭台執行。

4　卡繆的父親路西安·卡繆(Lucien A. Camus)於1914年底在一次大戰西線戰場身亡,小卡繆當時只有一歲。

懲罰，到頭來卻只讓他感到噁心。司法的終極型態原本應該要保護這個老實人才對，結果司法卻只是讓他嘔吐，此時似乎就不好再主張，司法可以達成它的預期功能：為城邦帶來平靜與秩序。相反地，司法引人嫌惡的程度似乎不亞於犯罪本身，像這樣再殺一次人，不但不能彌補社會大眾所受到的傷害，反而會在原本的汙點上又增添新的汙點。正因為這事是如此的鮮活真切，才沒人敢直接談論這場儀典。而那些基於職責不得不提及這事的公務員與記者，彷彿是意識到了這場典禮表現得既煽情又不光彩，則為其創立了某種慣用的術語，但也就是些經過簡化的陳腔濫調而已。如此一來，我們就會在吃早餐時，從報紙一角讀到：某某人犯「已經償還了他欠這社會的債」、或是他已「付出代價」、或是「已於五點鐘執法完畢」。公務員將犯人稱為「當事人」或是「受刑人」，或是只用縮寫稱他為：「那個CAM[5]」。容我這樣說，大家通常都只敢用低調的筆觸來描述死刑。在我們這個如此講究教養的社會裏，如果什麼疾病是我們不敢直呼其名的，我們就知道那是個重病。有很長一段時間，在資產階級家庭裏，因為擔心聽上去不光彩，所以就算得了肺結核，我們也只說大女兒的胸腔有些虛弱；明明得了癌症，卻要說爸爸犯了「腫塊」的毛病。至於死刑可能也是如此，因為大家都盡可能拐彎抹角地來談這件事。死刑之於政治組織，就像癌症之於身體組織一樣，差別只在於沒人會說癌症是必要的。相反地，我們不介意在平時就把

5　應為「死刑犯」（condamné à mort）之縮寫。

死刑說成一種無奈但必要的舉措，因為必要，所以我們殺人也是應該的，因為無奈，所以我們絕口不提。

但我卻想把這件事攤開來談。不是我喜歡引人非議，也不是因為我天生有什麼病態傾向。身為作家，我始終討厭某種迎合奉承；身為人，我相信：那些我們的處境中難以迴避的醜惡面向，我們必須要默默地對抗它們。但若是這份沉默、或是文字遊戲，被用來維持某種本應節制的濫權、或某種原可寬慰的不幸，那麼我們別無他法，只能把話清楚明白地講出來、並揭穿那藏在詞藻背後的下流骯髒。法國、西班牙與英國[6]都是鐵幕這一側最後幾個還把死刑保留起來當作鎮壓工具的國家，這件事也夠光采了。正因為公共輿論漠不關心，或是由於只知重複別人灌輸的冠冕堂皇句型，才造成了大家的愚昧無知，才使得這種原始儀式得以在我國殘存至今。當想像力陷入沉睡，詞彙就失去了意義：也只有一群充耳不聞的民眾，才會用漫不經心的態度對待別人的死刑判決。但是，一旦我們呈現出機器的模樣、讓大家碰觸到木材與鐵片的質感、聽到人頭落地的聲響，公眾的想像力就會頓時甦醒，同時也會拋棄這種遣詞和酷刑。

當納粹在波蘭公開處決人質時，為了不讓這些人質呼喊抗爭與自由之類的口號，納粹就把他們的嘴用繃帶包紮起來、再打上石膏。我們不是要把無辜受難者跟判刑確定罪犯的遭遇拿來相提並

6　本文發表於1957年。英國在1964年最後一次執行死刑，1998年完全廢除死刑。西班牙在1975年最後一次執行死刑，1995年完全廢除死刑。法國則在1977年最後一次執行死刑，1981年完全廢除死刑。

論，那樣太無恥了。然而，暫且不論那些不是罪犯卻在我們國家被送上斷頭台的例子，除此之外，我們採用的辦法也是一樣的[7]。我們用閃爍的言辭來隱晦這種凌虐，而這種酷刑究竟具不具有正當性，在檢驗過這種酷刑的實際情形之前，是根本無法確定的。我們不但不該說：死刑就是有必要，所以不用浪費唇舌，相反地，我們應該說出它實際的樣貌，而且還要去辨明，既然死刑的真實樣貌如此，我們是不是還應該認為死刑是必要的。

在我來說，我相信死刑不但不能帶來好處，反而會帶來相當的壞處，而且我必須在進入這個話題之前，就先在此坦承這個立場。要是讓人誤以為，我剛剛對這個問題進行了幾個禮拜的調查研究，然後才得出了這個結論，那就太不誠實了。但若只是把我的信念解釋成單純的多愁善感，也不是什麼誠懇的表現。相反的，我盡可能避免這種軟弱無力的慈悲心，我不像那些人道主義者會以此自滿，因為這種慈悲心把價值與責任混為一談、不去區分罪行的輕重、最終也使得清白無辜者喪失了他們的應有權益。與當前許多名流的觀點相反，我並不相信人類天生就是一種社會動物。坦白說，我認為恰恰相反。我相信的是個很不一樣的觀點：今天的人無法脫離社會而生活，因為他的人身存續有賴這個社會的法律來保障。因此，社會本身必須依據一套合理而有效的等級秩序來確立大家各自的責任為何。但是法律存在的最終理由，還是要看這部法律能否為某時某地的社會帶來某些善果。這

7　指將死刑消音。

些年來，我在死刑當中只見到一種連我的想像力都無法負荷的凌虐，以及我的理性所無法苟同的、一種因怠惰而造成的紊亂。我原本還擔心我的感性想像會影響到我的理性判斷。但事實上，我這幾週以來所經歷的思索探究，無一不能強化我的信念、也無一可以修改我的論證。相反地，除了那些原有的論點之外，我又增加了一些其他的新論點。今天，我絕對與Koestler[8]抱持相同的信念：死刑玷汙了我們的社會，而那些死刑的支持者，則無法為死刑進行合理的辯護。我不必重覆他的關鍵辯詞，也不必再堆積事實與數據，因為Jean Bloch-Michel[9]在他的文章都提過了，我只會發展一些推論，這些推論不但是Koestler推論的延伸，同時也會與他的推論一起證明：為何應該立即廢除死刑。

我們知道，死刑支持者的主要論點就是：刑罰有殺一儆百的功能。我們砍下這幾顆人頭不只是為了懲罰其主人，也是為了用一個嚇人的例子來恫嚇那些可能試圖效法的人。這個社會不是在報仇雪恨，他只是要防患未然。這個社會把人斬首示眾，好讓那些準殺人犯從中讀出自己的下場、並因此退卻。

8　Arthur Koestler（1905-1983）是猶太裔作家，出生於奧匈帝國治下的布達佩斯，主要以英語寫作，最具代表性的作品是描寫蘇聯大清洗的小說《正午的黑暗》（*Darkness at Noon*）。他在1955年所寫的《思索絞刑架》（*Reflections on Hanging*）介紹了反對死刑的理由以及死刑在英國的實行方式。該文在翻譯成法語後，再與卡繆的這一篇《思索斷頭台》集成了《思索死刑》（*Réflexions sur la peine capitale*）一書，1957年由Calman-Lévy出版社在法國出版，並於1979以及2002年再版。

9　Jean Bloch-Michel（1912-）是法國作家與編輯，他為《思索死刑》撰寫了前言，介紹了法國的死刑制度沿革與相關論辯的演進，以及世界上其他國家的死刑執行情形。

這樣的論點看似有力，卻經不起以下幾點的挑戰：

一、社會本身就不相信自己所說的殺一儆百功能；

二、無法證明死刑阻止了任何一個決意痛下殺手的罪犯，反之，死刑對這成千上萬的罪犯並無任何嚇阻效果，說不定反而還讓他們著迷不已；

三、就其他方面而言，死刑則構成了一個可憎的示範，而其後果是難以預料的。

首先，這社會從沒相信過自己說的話。要是這社會真的相信這一套，大家就會把砍下的腦袋掛出來展示了。這社會大可用打廣告的方式來宣傳處決，就像平常給政府公債或者新品牌的開胃酒打廣告一樣。然而我們知道，我國的處決已不再公開進行，而是在監獄的中庭裏、在幾名為數不多的專家面前處理掉的。我們比較不清楚的是這樣做的理由、以及開始這樣做的時間。這應該是個相對晚近的措施。最後一次公開處決是在1939年，處決的對象是Weidmann——，犯下多起命案的兇手，因其戰績可觀而名噪一時。那天早上，大批人潮湧入凡爾賽，其中又有許多是攝影師。在Weidmann向群眾露面之後、直到被斬首為止，都被人拍下了許多照片。幾小時之後，《巴黎晚報》（*Paris-Soir*）就給這條適合配飯的消息刊登了一整版的圖片。巴黎的老百姓這才曉得，劊子手操作的那一架輕巧精密機器是如此不同於大家印象裏的那組古董刑具，那個差距就像捷豹（Jaguar）跑車跟我們的德

迪翁布東（de Dion-Bouton）老爺車[10]之間的差距一樣大。行政機關與政府首長非但沒有依照大家的期望趁機打一回精彩絕倫的廣告，反倒抨擊媒體是在迎合讀者的虐待狂本能。從此便決定不再公開進行處決，此一措施稍後也使得佔領當局[11]的工作變得更加輕鬆。

在這件事情上，立法者的邏輯是說不通的。相反的，應該要額外頒個獎章給《巴黎晚報》的主編，好鼓勵他下次再接再厲才對。要是我們希望刑罰有警世效果，我們不但要大量加印照片，還應該把相機架在斷頭台上面拍，刑場要設在協和廣場，時間就選在下午兩點，把大家通通叫來，還要用電視轉播好讓不能到場的人也能躬逢其盛。要是做不到這些，就別再提什麼警世效果。大半夜偷偷摸摸在監獄中庭宰個人，能警什麼世？最多就是定期告知這些公民，要是他們哪天殺了人，他們就會死；可是就算他們沒殺人，他們早晚還是會死啊。若想要這刑罰真有警世效果，這個刑罰就必須讓人害怕。Tuaut de La Bouverie是1791年的民意代表，同時也是公開處決的支持者，他在對國民議會[12]演講時就

10　在本文寫作的1957年，捷豹（Jaguar）跑車是尖端科技的代表。de Dion-Bouton車廠成立於十九世紀末，首先生產的是最早一代的蒸氣汽車。這種汽車以煤炭、木材和紙片當燃料，必須燃燒半個小時，才能產生足夠的蒸氣發動汽車。在改採內燃機引擎之後，該公司陸續推出的3.5馬力與4馬力汽車都在市場上造成轟動；1900年時已是世界上最大的汽車商。

11　二次大戰期間，包括巴黎在內的法國北半部與西海岸被劃為「佔領區」（La zone occupée），由德軍直接實施軍事統治。

12　1789年5月召開三級會議，6月時部分議員組織成立國民議會（Assemblée nationale）、7月再更名為國民制憲議會（Assemblée nationale constituante），隨後爆發法國大革命。當時路易十六仍為法國國王，國民制憲議會則為實際上的立法暨行政機關，直到1791年解散為止。

要有邏輯得多：「一定要有恐怖的景象，才鎮得住老百姓。」

　時至今日，原本的示眾景象，已變成大家只能經由道聽途說得知的懲罰，接著，再逐漸變成掩藏在委婉形式底下的處決新聞。既然我們都這麼處心積慮地想把這種懲罰變得不著邊際了，一個準罪犯在做案時又怎會把它銘記在心呢！如果我們真的渴望這項懲罰能讓他永誌不忘、抵銷他心中的衝動、繼而推翻那盛怒下的決定，難道我們不該窮盡一切影像和語言工具，設法讓這項懲罰、及其造成的慘狀，在所有人的感受當中鑿下更深的刻痕嗎？

　與其遮遮掩掩地說：某某人在哪天早上為他欠社會的債付出了代價，還不如趁這麼個好機會提醒每個納稅人，往後有些什麼招式等著伺候他們、其細節又會是如何如何，這樣效果應該會更好吧？若要發揮警惕的功能，與其只是說：「如果你殺人，你就要在斷頭台上付出代價」，還不如告訴他：「如果你殺人，你就會被扔進大牢蹲上幾個月或幾年，擺盪在徹底的絕望以及無盡的恐懼之間，直到有天早上，我們偷偷潛入你的舍房，事先脫掉了鞋子，好把恐慌了整夜才終於睡死的你給嚇醒。我們會壓在你身上，把你的雙手反綁在背後，如果你有襯衫領子跟頭髮的話，就用剪刀把你的衣領跟頭髮都剪掉。為求萬全，我們還會用皮帶把你的手臂也綁住，這樣你才會彎下腰，露出你乾淨的脖子。接下來我們會撐住你兩隻手膀，讓你的雙腳在後邊拖著，這樣拖著走過一條條長廊。然後，在夜空下，一名劊子手會抓牢你的褲襠，將你沿著水平方向扔上一塊板子，接著另一名劊子手確認你的腦袋有沒有好好卡在圓孔裏，而第三名劊子手則會從兩公尺二十公

分高的地方放下一把六十公斤重的鍘刀,讓它像剃刀一樣割斷你的脖子」。

　　為了讓這示範的效果更好,為了讓這示範所帶來的恐怖能夠成為一股夠盲目、也夠強大的力量,以適時克制我們每一個人那難以壓抑的殺戮慾,我們就必須更進一步。我們該做的,並不是用我們獨有的那種故作輕鬆的態度,來吹噓我們發明了這種快速而人道的處決方式[13],我們該做的是發行成千上萬的書冊,並要求各級院校研讀這些描述屍體伏法後狀態的證言與醫學報告。我們尤其建議要刊印與散發由Piedelièvre醫師與Fournier醫師發表在最近某期全國醫學學會[14]通訊的研究。這些勇敢的醫生是以科學研究的目的被找來,要在行刑後檢驗死囚的屍首,他們的工作就是從這些可怕的觀察當中歸納出一個結論,而這些醫生是這樣認為的:

> 如果要我們對這個議題發表見解的話,這種場景讓人難受,到了恐怖的程度。頸動脈切斷後,血液隨著動脈的節奏從血管流出,再凝結起來。全身肌肉收縮,顫動得驚人;腸子翻動、心臟的運動也變得混亂、零落、且嚇人。過一段時間嘴巴

13　原書註:依照樂觀的Guillotin醫師的說法,犯人應該沒有任何感覺。最多就是「脖子輕輕的涼了一下」。

14　法國的國家醫學學會(Académie nationale de médecine)為一學術組織,亦向政府提供諮詢服務。前身為路易十八於1820年創立的皇家醫學學會(Académie royale de médecine)。

會收緊、嘔成一種可怕的樣子。的確，在這顆砍下的腦袋上，雙眼是停滯的，瞳孔也放大了；這雙眼睛用不幸的眼神注視著，就算從這眼裏看不出紛亂、也還沒出現屍體的混濁，這雙眼睛卻也不再動作了；它還有活人的澄清透明，但卻已有了死亡的凝滯。在這些好好的人身上，這一切可以持續幾分鐘、甚至幾小時：死亡並不是一瞬間的事……頭砍掉之後，個別的生命成份卻都還未死去。對醫師來說，留下的只有這個關於一次恐怖經驗、一場殺人解剖、與隨後草草掩埋的印象而已。[15]

　　在看過這份駭人的報告之後臉色還不發白的讀者，我想應該不太多。所以我們可以信賴這份報告的警惕力與嚇阻力。也未嘗不可再加上足以佐證醫師觀察的目擊者報告。傳說中，在砍下Charlotte Corday[16]的頭後，劊子手把她的頭拎起來賞了一耳光，而她竟然還會因憤怒而臉紅。當我們聽過最近的那些死刑目擊者所做的描述，這件事就不會讓我們驚訝了。有位助理劊子手，這種人應該沒什麼沉溺抒情與多愁善感的嫌疑，他就如此描述此一

15　原書註：《沒有劊子手的司法》（*Justice sans bourreau*）期刊，第2期，1956年6月。

16　Charlotte Corday因為刺殺了雅各賓黨（激進共和派）的領袖馬拉（Jean-Paul Marat），而被革命法庭送上斷頭台。大衛（Jacques-Louis David）的名畫《馬拉之死》描繪的就是這場暗殺。時年未滿25歲的Corday則留下了勇敢、柔弱女子的浪漫形象。

他不得不看的情景：「我們扔到鍘刀底下的那個人近乎瘋狂，就像是嚴重的震顫性譫妄發作一樣，激烈抖動不止。頭顱很快就死了。身軀就像是有幾條繩索在急速拉扯，頓時反彈起來，落入一旁的長籃。二十分鐘後，到了墳場，都還在微微顫抖。」[17]la Santé監獄現任的神父，le R.P. Devoyod，他似乎並不反對死刑，也在他的書《輕罪犯》（*Les Délinquants*）[18]裏面記載了一段重要的描述，重寫了一遍Languille的故事，也就是傳說中腦袋都落地了，別人喊他名字他竟然還能答話的那個受刑人[19]：

> 處刑那天早上，受刑人的情緒相當差，而他也拒絕了宗教儀式的協助。我們都知道他的心意、以及他對他那基督信仰虔誠的太太所懷抱的感情，我們就對他說：「去吧，看在對你太太的愛的份上，就請您在死前禱告片刻吧」，犯人接受了。他在帶有受難耶穌的十字架前沉思許久，然後他似乎就不再介意我們的存在了。當他被處斬時，我們和他的距離很近；他的頭掉進放在斷頭台前面的凹槽，軀體也馬上放進了籃子裏；異於一般程序之處則在於，人頭都還沒放進去，他們就先把籃子給闔上了。直到籃子重新打開之前，行刑

17　原書註：出自Roger Grenier整理出版之《怪物》（*Les Monstres*），Gallimard出版社。引述內容是可靠的。
18　原書註：Matot-Braine出版社，於Reims發行。
19　原書註：1905年發生於Loiret省。

> 助手都得捧著死者的頭；但是，在這片刻裏，我
> 們有機會得見，受刑人的雙眼用一種哀求的眼神
> 緊盯著我看，像是在請求原諒一般。出於直覺，
> 我們劃著十字為這顆首級祈福，因此，接著，那
> 雙眼睛眨了眨，神情變得柔和，然後他那仍舊生
> 動的視線才變得無神……

讀者會依照各自的信仰來看待神父提出的解釋。至少，這「仍舊生動」的眼神是足以直指人心，無需多作說明的。

其實我還可以再提供其他同樣驚人的證詞。但我不能再這樣講下去了。畢竟，我根本不認為死刑具有警世作用，況且在我看來，這種酷刑說穿了也就是種粗暴的手術，執行時的周遭情形則使死刑失去了所有教化意義。相對的，從中看出了其他意義的這個社會與國家，卻能順利面對這些細節。那麼，既然他們都強調死刑的警惕效果，他們就更該試著讓大家都來面對這些細節才對，這樣才能讓所有人都無法忽視這些警告，才能一直使全民感到害怕、都變得安分守己。除此之外，就憑這種偷偷摸摸的榜樣，就憑用這種被包裝得既舒服又迅速、總之還沒癌症可怕的懲罰，就憑這種用華麗的詞藻妝點過的酷刑，我們到底想威脅誰、嚇唬誰？肯定不是那些被視為循規蹈矩的人（有些人也的確是），因為他們這個時間還在睡夢中，既然什麼怵目驚心的場景都沒看到，當然也就得不到什麼警惕了，死囚曝屍的時候他們還在吃早餐麵包，要等到他們在報上讀到一篇假仁假義的公報之

後，他們才會得知司法正義的實行成果，但這篇公報也會像砂糖一樣，在他們的記憶中溶解於無形。然而卻有那麼高比例的兇殺案都是這些溫和的人所犯下的。在這些正人君子裏面，有很多人根本沒發現自己是罪犯。根據一位法官的說法，在他所知的殺人兇手當中，絕大多數在早上刮鬍子的時候也沒想到他那天晚上會殺人。所以，為了兼顧嚇阻力與安全性，不但不應該遮掩死囚的臉，反而要揮舞給所有早上刮鬍子的人看才對。

但他們根本沒有這樣做。國家不但對處決加以掩飾，還裝作沒聽見這些記載與證言。也就是說，國家根本就不相信死刑的嚇阻價值，不然就是只因為傳統才這樣做，而且還懶得花點力氣稍作反省。我們殺掉犯人，只是因為我們幾百年來都這麼幹，而且我們連殺他的方法都是十八世紀末就規定好的。我們援例重新引用一些幾百年前風行一時的論點，但這卻違逆了因為公眾感受之演進而必然造成之種種革新。我們執行一條法律，卻從不討論其合理性。我們引用的理論連用刑者自己都不相信，卻以這個理論的名義，讓這些犯人死於舊習成規。如果用刑者相信這個理論，那麼這個理論不但要為人所知，應該還要為人所見才對。但是大加宣揚此事會喚起的虐待本能，不但其後續效應難以估計、且須等到新的殺戮發生時才會滿足而平息，除此之外，這種宣傳還可能在輿論中挑起反感與厭惡。如果這些處決的事例在民眾的意象中化成鮮活的畫面，以後要再這樣以生產線的方式處決就會變得更困難。誰要是在品嘗咖啡時讀到嫌犯伏法云云，他就會把咖啡全吐出來。而我所引用的這幾段文字也可能會讓某些刑法教授顯得

難堪，他們顯然無力為這種過時的刑罰辯護，而他們安慰自己的方式，就是引用社會學家Tarde[20]的說法，宣稱：讓他死但是不讓他痛苦，總好過讓他痛苦但是不讓他死。這就是為什麼我們應該讚揚Gambetta[21]的立場，他本人是反對死刑的，但是當一項禁止公開宣揚處決的法案推出時，他卻反對這項法案，而他在投票時做了這樣的聲明：

> 如果各位消滅了這恐怖的景象，如果各位要在監獄內部處決人犯的話，各位就會撲滅這幾十年來所迸發的公眾義憤，而各位也就鞏固了死刑。

也就是說，要殺人就應該公開殺，不然就得承認，我們其實不覺得自己有權利殺人。如果社會要用殺一儆百的必要性來為死刑辯護的話，就應該用大張旗鼓的方法來佐證自己的說詞才對。社會每次都應該高舉劊子手的雙手，並強迫那些嬌貴的公民看清楚；而其他那些促成了這場行刑的人，無論遠近，也都應該看一看。不然的話，社會就得承認，自己在殺人的時候其實也不知道自己在說什麼或是做什麼，社會其實也知道，這些令人反胃的儀式非但不能嚇唬住民間輿論，反而會在民間激起犯罪，或是使其陷入慌亂不安。即將退休的資深審判長Falco先生，他勇敢的告

20　Gabriel Tarde（1843-1904）是法國社會學家與犯罪學家，認為社會過程是每個人互動的總和，因此社會學也是心理學的延伸。
21　Léon Gambetta（1838-1882）是法國政治家，1881年任總理兼外長，1882年遇刺身亡。

白值得我們在此引述：

> 在我的職業生涯當中，只有一次的判決是反對減
> 刑、並且支持處死。我本來以為，雖然我就是判
> 他死刑的法官，但我還是可以沉著平靜、心安理
> 得地見證這場處決過程。畢竟那個人也沒什麼好
> 同情的：他虐殺自己的幼女，最後還把她扔進
> 一口井裏。唉！在他被處死之後好幾個禮拜、甚
> 至好幾個月，我每晚都還因為這段回憶而睡不
> 好……我跟大家一樣打過大戰、也見過無辜的年
> 輕人喪命，但在看過此等駭人的場面後，我敢說
> 我從沒感受過此刻感受的這種良心不安，而我們
> 把這種用行政程序進行的謀殺稱為死刑[22]。

　　但，無論如何，既然這種威嚇根本不能阻止犯罪、就算真有效
果也是看不見的，為什麼這個社會還相信它有用呢？首先，死刑
本就無法嚇阻那些本來並不知道自己即將殺人的人，他們是在一
瞬間下了決心，並且出於盛怒、或是一時鑽了牛角尖，才會著
手犯案的。再來，死刑也無法嚇阻那些跟別人約出來談判的人，
帶上兇器本來只是想嚇唬一下變心的情人或情敵，結果卻真用上
了，而他一開始也不想殺人、或者覺得自己不想殺人。簡而言
之，死刑無法嚇阻那些不知不覺就陷入犯罪情境當中的人。所以

22　原書註：見《現實》（*Réalités*）期刊，1954年第105期。

在大部分的情況下死刑可說是無用的。當然我們也得承認，在我國，因為這類情形而被判死刑的人並不多。但光是這個「不多」就已經夠嚇人了。

如果說死刑的目標是對常業罪犯發揮作用，那麼死刑至少可以嚇到這些人吧？但也並非如此。我們可以在Koestler的文章裏看到，在英國還會處死扒手的年代，照樣有扒手躲在圍觀絞刑台的人群當中作案，儘管看台上吊死的正是他們的同行。本世紀[23]初在英國進行的一項統計顯示，在250名被處決的死囚當中，有170名曾經自行觀看過一到兩場的公開處死儀式。就算是在1886年，在167名陸續進了Bristol監獄的死刑犯當中，也有164名曾經觀看過至少一次的處決。在法國已經無法進行這樣的調查了，因為這裏的處決已經是以秘密的方式進行。不過這些調查也讓我想起，我父親去看處決的那天，在他周圍一定有為數不少未來的犯罪者，而這些人是不會吐的。嚇阻力只對膽怯的人有效而已，這種人本來就不敢犯罪，但是對於那些本來應該矯正卻怎樣也矯不正的人來說，這個嚇阻力就變弱了。在本書[24]以及一些專門著作中，我們還會看到最有說服力的一些相關數據與事證。

然而我們不能否認，人總是怕死的。剝奪生命當然是最極致的刑罰，且必定會刺激出人們決絕的惶恐。對死亡的懼怕湧自生命最晦暗的深處，而這懼怕也折磨著生命；當生存的本能受到威脅

23　二十世紀。

24　指的是本書法文原版所附Jean Bloch-Michel所寫的法國死刑介紹，以及關於世界各國廢除或執行死刑的資料。

時，就會在極度焦慮中陷入慌亂與掙扎。因此立法者有充分的理由認為，他們制定的法律可以對人類天性中最神秘也最強大的原動力之一發揮影響。然而法律總是比人性來得單純。法律本應釐清複雜的事情，但是當法律為了支配人性、而在人類的這個盲區摸索前進時，面對這樣的複雜性，法律顯然是無能為力的。

如果對於死亡的懼怕是不言自明的，我們同樣也難以否認，即便這個恐懼如此巨大，卻還是澆不熄人類的激情。培根說得有理：世上沒有微弱的激情，它的強度必定足以面對、甚至克服我們對死亡的恐懼。復仇、愛、榮譽、痛苦、對其他事情的恐懼，都足以勝過對死的恐懼。對某人的愛或者對某國的愛、對自由的狂熱都可以做到的事，貪婪、憎恨、嫉妒怎麼就做不到了呢？幾個世紀以來，死刑時常伴隨著一種野蠻的文雅，並試圖與犯罪對抗；然而犯罪卻無法禁絕。為什麼會這樣呢？因為法律以為，人類的各種本能可以保持某種平衡的狀態，然而這些本能卻是互相衝突的，其中有許多股不同的力量交替取勝或消亡，是這種連續不斷的不平衡才滋長了精神的活動，就像電振盪一樣，夠靠近就可以形成電路。想像一下，我們在一天之內經歷了多少次來回於慾望消長之間、決心有無之間的震盪；將這些消長變換放大無限倍，就約略可見整體的人類心理是怎麼回事了。這些不平衡通常變化多端、捉摸不定，以至於其中沒有任何一種力量可以單獨支配一整個人。但有時，其中一股心靈力量會掙脫枷鎖，並充滿整個意識領域；此時不管是生存本能還是其他本能，面對這股勢不可擋力量的壓制，也都無法抗衡了。要讓死刑擁有真正的嚇阻

力，就必須改變人類的天性，讓人性變得像法律本身一樣穩定且冷靜。但是，要真有這樣的人性，只怕也跟靜物畫中的死物沒有兩樣了吧。

可人性並非如此。這就是為什麼，對於那些沒能在自己身上看到、或是感覺到人性複雜面的人來說，他們會對這件事感到驚訝，那就是通常兇手在殺人時都不覺得自己在犯罪。在真的受審之前，所有罪犯都以為自己是無罪的。他就算不認為自己有權利殺人、至少也認為他殺人是出於形勢所逼、迫不得已，應該可以獲得諒解才對。他沒有想過、也沒有預期過受審這件事；就算想過，他預期的也是別人會完全或部分原諒自己。他都已經覺得自己不太可能會死了，怎麼還會害怕呢？他是在受審之後才怕死的，在犯案前並不怕死。如果真要有嚇阻效果，法律就不能留給兇手任何機會，事先就把法律修得嚴酷無情，無論什麼特殊情形都沒有減刑的餘地。在我國，又有誰敢這樣去主張呢？

就算要這樣做，也還要考慮進去人性中的另一種矛盾現象。生存也許是根本的本能，但還有另一種同樣重要的本能、學院派的心理學家卻避而不談，這就是死亡的本能，這種本能有時會想要毀滅自己與別人。殺人的慾望有可能與讓自己死去或消滅的慾望一起出現[25]。存續的本能就這樣，或多或少，被毀滅的本能給壓過去了。只有毀滅本能才能解釋，為何會有那麼多的倒錯行為，從酗酒到吸毒，都讓人即使明知下場為何，卻依然走向毀滅。固

25　原書註：我們每週都可以在報章雜誌上讀到一些案例，罪犯首先猶豫的是要自殺還是殺人。

然，是人都想活下去，但我們不能期待生存慾望可以約束人類的所有行動。人也會想要歸於虛無，想要事情變得無可挽回、以及為了死亡而死亡。因此，有些時候，罪犯想要的不只是犯罪，他還要隨之而來的不幸，甚至是極大的不幸。當罪犯的這種詭異慾望膨脹起來、進而支配了他的行動時，死亡威脅不但無法阻止他犯罪，反而還讓他更瘋狂。於是他把殺人當成了某種尋死的方式。

藉由這些人性的特點，我們就可以解釋，為什麼像死刑這種看似精心規劃、能使普通人敬畏的刑罰，其實完全經不起大眾心理學的考驗。毫無例外，所有的統計數據都顯示，無論在廢除或保留死刑的國家，死刑的存廢與犯罪率之間都沒有關聯性[26]。犯罪率並未因此增加、也沒有因而減少。有斷頭台在的地方，也一樣有犯罪；在這兩者之間並無其他的顯著關聯，把這兩件事連結在一起的只有法律而已。統計報表已經給出了詳盡的數據，而我們可以從這些數據中歸出的結論就是：在好幾個世紀的時間裏，就算犯的不是謀殺罪也會被判死刑，但是用了那麼久的極刑，卻未能消滅這些犯罪。幾個世紀以來，我們已不再用死亡來懲罰這類犯罪，但是這些犯罪的數量卻也沒有增加，有些甚至還減少了。同樣的，我們幾世紀以來都用死刑來懲罰殺人犯，然而該隱[27]一

26　原書註：出自1930年英國特別調查會（Select Committee）之報告，而最近英國皇家委員會（Royal Commission）也重啟了相關研究：「我們檢視過的所有統計數據都證實，廢除死刑不會引起犯罪案件的增加。」

27　該隱是亞當與夏娃的長子，也是第一個由人所生的人。他因為上帝看中的是弟弟亞伯的供品而憤怒，殺害了亞伯。上帝放逐了該隱，卻禁止其他人殺害該隱。因此該隱的名字有「殺人者」的含義。

族卻並未因此消失無蹤。在那三十三個已經廢除死刑、或者不再執行死刑的國家，兇殺案的數目到頭來也沒有增加。誰能由此推論說，死刑真有其嚇阻效力呢？

就算是保守派也無法否認這些事實與數據。他們最後能給出的唯一回應倒是足堪玩味。這種回應可以解釋一個社會的矛盾態度，這個社會一邊細心地掩飾那些處決案例，一邊聲稱那些案例足堪警世。保守派還會說，「死刑的警示作用是無法證明的；沒錯，成千上萬的兇手沒有為之卻步。可是我們也無法得知哪些人因此受到了嚇阻；所以也不能證明死刑沒有警示效果」。因此，這種最嚴重的刑罰，雖然是對囚犯的終極懲處、又賦予了社會最高的特權，但他的基礎也不過是一種無法核實的可能性而已。然而，人死了就是死了，所以死亡是沒有程度或機率的差別的。死亡，將包括罪刑與屍首在內的所有事物都固定了下來、使其無可轉圜。但是在我國，竟然是以機率、假設等等名目來行使死刑的。就算這個假設是合理的，但是在給人確切的死亡之前，難道不該先提出某種確切性嗎？事實上，囚犯被一刀兩斷，與其說是因為他所犯的罪，還不如說是：是依據過去所有相同或不同的犯罪、以及未來所有相同或不同的犯罪，所以才會拿他開刀。結果，這最無可挽回的確定，竟是由最虛無縹緲的不確定所造成的。

對如此危險的矛盾感到驚訝的人不是只有我而已。國家自己深知這個矛盾，而這份良心不安則反過來解釋了它態度上的矛盾。國家始終避免為這些處決做宣傳，是因為在事實面前，國家無法

斷言：死刑曾經發揮過嚇阻罪犯的效果。國家無法逃脫Beccaria[28]
所指出的兩難，他寫道：「如果說不時向民眾展現權力的證明是
重要的，那就應該常常使用酷刑；但這必須要犯罪也常常發生，
而這就證明了死刑完全不能給人留下它應該有的印象，由此可知
死刑是既無用又必要的。」對一種無用卻又必要的刑罰，也只能
把它藏起來但不廢除了，不然國家還能怎麼辦呢？國家只好把死
刑給保留下來、卻又尷尬地不太使用，並盲目地期待著也許哪天
會有個什麼人，因為考慮到刑罰而中斷了殺人的行動，這樣就可
以證明，這條既不合乎理性又不合乎經驗的法律是正確的，雖然
也沒人會曉得這件事就是了。為了繼續宣稱斷頭台有嚇阻效果，
國家不得不多犯下許多確切的殺人案，以避免發生某件未知的殺
人案，而國家連這個案子到底有沒有機會發生都不知道、也永遠
都不會知道。這真是條奇怪的法律，它只管自己造成的謀殺，卻
永遠不知道它阻止了什麼謀殺。

　　如果死刑還有別種已經證實的確切效力，那就是使得人類墮落
到恥辱、瘋狂與兇殺的境界了，那麼這個殺一儆百的效力又還有
什麼意義呢？

　　我們已能找出這些場面在民間輿論當中引起的示範效應，死刑
所喚醒的虐待狂心理在此顯現，而死刑也刺激出某些罪犯的可怕
虛榮心。在刑場周圍毫無一絲高貴，有的只是反胃、鄙視、以及
最低等的爽快而已。這些作用早已為人所知。為求體面，所以先

28　Cesare Beccaria（1738-1794）是義大利哲學家、法學家，犯罪學古典學派創始
　　者。著有《論犯罪與刑罰》（*Dei delitti e delle pene*）。

是把斷頭台從市政廳前的廣場上搬到柵欄後方，然後再移到監獄裏。而我們也不太知道，那些基於職務而必須參與這般場面的人會有什麼感想。那麼我們不妨聽一聽這位英國典獄長的說法，他承認他有一種「尖銳感受的個人羞愧」，另一位禮拜堂神父也稱之為「恐怖、慚愧與羞辱[29]」。我們尤其要揣摩一下那些因履行職務而殺人的人，也就是劊子手，會有的感受。這些將斷頭台稱為「吃飯的傢伙」、將死刑犯稱為「客戶」或「包裹」的公務員到底是怎麼想的。不然也可以看看陪伴了超過三十名死囚的Bela Just神父怎麼想，他寫道：「這些執法者術語的厚顏無恥與粗俗下流，都不輸那些普通罪犯的黑話。」[30]此外，也來看看我們的助理行刑手對於他因為調任而來往於外縣市有何想法：「我們踏上旅程的時候，真可以說是輕鬆愉快。我們搭的是專車，上的是高級餐館！」[31]在吹噓劊子手啟用鍘刀的身手了得時，他還這麼說：「我們可以爽一下，就是抓住客戶的頭髮往上拉。」這裏所表現出的放肆還有其他更深刻的面向。犯人的衣服原則上都屬於行刑手。Deibler老爹把這些衣服都掛在一間木板搭成的棚子裏，*並不時前去欣賞*[32]。還有更嚴重的。我們的助理行刑手是這樣表白的：

29　原書註：特別調查會（Select Committee）報告書，1930。
30　原書註：Bela Just，《絞架與十字架》（*La Potence et la croix*），Fasquelle出版社。
31　原書註：Roger Grenier，《怪物》，前揭。
32　原書此處斜體為作者所加。

> 新來的行刑手已經迷上了斷頭台。他有時會在家
> 待上好幾天,坐在一張椅子上,做好準備,帽子
> 戴在頭上,大衣穿在身上,一心等候部長的傳
> 喚[33]。

是的,像劊子手這種人的存在,就如同Joseph de Maistre[34]所說的,必須經過一道有神聖力量支持的特別法令來特許,否則就會使得「秩序讓位給渾沌、王權沉淪崩毀、社會瓦解消失」。社會賴以消滅罪犯的就是這種人:讓劊子手來負責簽署出獄證明,這時社會就可以將一個自由人丟給劊子手去收拾了。而立法者所想像的這種高尚而莊嚴的示範,至少會帶來一種確定的效果,那就是壓抑、甚至摧毀了那些參與其中者的人性與理性。人們會說,只有那些與眾不同的傢伙才會把這種墮落當成事業、投入其中。等他們得知有上百人自願無償擔任行刑手,就不敢多說什麼了。我們這一代人,在見證了這幾年的歷史之後,就不再因為這種消息驚訝。他們知道,在最平靜也最親切的臉孔背後,沉睡著虐待與殺人的本能。這種號稱可以嚇阻未知兇手的懲罰,確實是把這些殺人工作交付給了另一群更加確實的妖魔鬼怪。既然我們要用可能性的觀點來替最殘酷的法律辯護,我們也可以說,在這幾百個自願行刑遭拒的人之中,也有人會使用其他的方法來填滿他被

33　原書註:出處同上。
34　Joseph de Maistre(1753-1821)是薩伏衣公國(當時尚未併入法國)與薩丁尼亞王國的保守派、反啟蒙思想家。

斷頭台喚醒的那些嗜血本能。

　　因此，如果人們想維持死刑，至少也不要再提警惕作用這種虛偽的理由了。讓我們來正視這種我們不願聲張的刑罰：既然是正直的人，這個嚇阻對他們就沒有作用可言；死刑要嚇阻的是那些不再正直的人；死刑還會使那些參與其事的人變得更加墮落而放縱。死刑是種酷刑，而且是種駭人聽聞的、既是身體上也是道德上的酷刑，但死刑並不能發揮任何確切的警惕效果，最多就是示範了道德的敗壞。死刑可以制裁惡人，卻無法預防他們作惡，這還沒算上死刑反而激起殺戮本能的情形。死刑無法發揮應有的社會功能，它只在幾個月乃至幾年當中對死囚的靈魂有作用，以及在我們把他一刀兩斷卻一息尚存、既絕望又暴力的時刻裏，對犯人的身體有作用。面對現實吧；別無其他用意，只是說出實情而已，我們終究只能承認，死刑從本質上就是一種報復。

　　這種只能制裁卻不能預防的刑罰，他真正的名字就是報復。我們的社會對於那些侵犯其根本法則的人，作出了這種幾乎是算術式的回應。這個回應就跟人類本身一樣古老：它就是以牙還牙。傷害我的人就應該被傷害；戳瞎我一隻眼睛的人也得變成獨眼龍才行；殺了人的就得死。這不是出於理性的原則，而是種特別暴力的情感。以牙還牙屬於自然而直覺的層次，而不是律法的層次。根據定義，律法與天性所遵循的並不是相同的規則。就算殺人是人類天性的一部分，律法也不是制定來模仿或複製這種天性的。制定律法就是為了糾正這種天性。但是，以牙還牙論只是任令純粹的天性衝動使用法律的力量而已。通常是出於羞恥感，我

們都已經認識了這種衝動、也都知道這種衝動的力量：我們身上的這種衝動來自原始叢林。從這一點來看，我們這些其他的法國人雖然會因為看到石油大王在沙烏地阿拉伯一邊鼓吹國際民主一邊交代屠夫砍掉小偷的手而感到氣憤難平，但我們自己也活在沒有堅定信念的某種中世紀裏。我們還是在使用從某種粗暴邏輯[35]推出的那些規則來界定何謂公平正義。那麼，我們可以這樣說嗎：「至少這種邏輯是中肯的，就算這只是種建立在合法報復上的粗糙正義而已，卻也只有死刑，才能保障這種正義」？答案是：不可以。

如果我們依照以牙還牙原則，把縱火犯他家燒掉，就顯得太過分了，但若只是從小偷的銀行帳戶裏沒收他偷走的金額，又顯得太不足了，所以這個原則是不適用的，但我們先不管這些好了。就算我們承認，用兇手的一條命來償還被害人的一條命是公道且必要的好了。但是死刑的意義不僅僅是死亡這麼簡單。死刑從本質上就不同於單純的剝奪生命，就像集中營也不同於一般的監獄。死刑大致來說就是謀殺，從帳面上打平了死囚自己所犯下的謀殺。但是死刑在死亡之上又外加了一些東西，那是一種成文規章、是一種為準被害人所知的公開預謀、也是一種有組織的行動，而這些事又形成了一種比死亡還要可怕的道德苦難。因此世

---

35 原書註：我在幾年前曾經請求赦免六名突尼西亞的死刑犯，他們因為在暴動中殺害三名法國憲兵而被判處死刑。命案發生時的情形使得責任歸屬難以釐清。總統府的回函通知我，有關單位認為我的請願值得考慮。不幸的是，早在我收到這封回函之前兩週，我就已經讀到了判決執行的消息。三名囚犯被處死，另外三名則獲得了特赦。決定特赦這些人、而不是那些人，提出的理由卻不是很有把握。也許，非判三個死刑不可，只是因為要給三個被害人償命而已。

上並沒有其他事物能與其相比。許多法規都認為，預謀犯罪的罪行要比單純的暴力犯罪來得更為重大。可是死刑這種謀殺，在預謀詳盡的程度上，難道不是超越了任何最精心計算的犯罪嗎？如果要做到一報還一報，那麼死刑懲罰的罪犯應該也事先向被害人預告過，要在什麼時候用恐怖的方法殺他，而且從那時起還要先任意監禁他幾個月再殺。可是在一般人的生活裏是碰不到這種妖魔的。

當我們的御用法學家還在大談所謂無痛死亡的時候，他們其實不知道自己在說什麼，而他們尤其缺乏的就是想像力。我們在幾個月甚或幾年的時間[36]當中強加給囚犯的、毀滅性且可恥的恐懼，對囚犯來說是種比死亡更可怕的刑罰，而罪案的被害人並不曾遭逢這種恐懼。雖說被害人也面臨了致命暴力造成的驚駭，但通常是在還不清楚發生什麼事的時候就死去了。被害人在死前這段時間也會感到恐怖，但他沒時間去希望自己能逃離眼前這突如其來的噩運。相反地，對死刑犯來說，恐怖是很清楚詳細的。他們輪流接受希望以及獸性絕望的折磨。律師與神甫是出於單純的人道關懷、監獄警衛則是為了讓犯人安分好管理，所以他們眾口一致地向囚犯保證他會得到減刑。犯人一開始是認真相信的，後來就再也不信了。或者他在白天裏還抱著希望，到了晚上就陷

36　原書註：法國解放時被判死刑的 Rœmen 在處決前被關了七百天，堪稱可恥。適用普通法的受刑人通常要等待三到六個月才會等到他們的死期。如果我們還想替他們保留一些生還機會的話，那麼想要提前受死也是很難的。但我可以作證，在法國，會慎重進行對於特赦請求的審查，只要是在法律與風俗許可的範圍內，總是希望可以給予特赦。

入絕望[37]。隨著時間一週一週的過去，希望與絕望都變得愈來愈強烈、也愈來愈難以承受。所有見證人都說，連犯人的膚色都改變了，恐懼就像酸性物質一樣腐蝕了他們。一名關在Fresnes監獄的犯人就說：「確定知道會死不算什麼，但是不知道能不能活下去，就很讓人驚慌跟焦慮了。」Cartouche說最極致的折磨：「唉！就是得要熬過去的那些時間。」但是他們要熬的是幾個月，而非幾分鐘。在很久以前，犯人就知道自己要被殺了，而唯一能救他一命的特赦，對他來說就像是天意。他也就無從介入、無從為自己辯護、也無從說服別人。發生了什麼事情他都無能為力。他不再是個有意志的人，而是個等候劊子手進行操作處理的東西。他被維持在一種絕對必要的了無生趣狀態，卻又保有意識，而這意識正是他的大敵。

這些公務員的工作就是殺死眼前這人，當他們稱這人為「包裹」的時候，他們都曉得自己說的是什麼。別人要把你搬走、收好或扔掉，你都無力違逆，這種處境跟一包貨物或一個什麼東西，或者好一點的，跟一頭被人絅住的牲畜不是差不多嗎？牲畜至少還可以拒絕進食，犯人就不行了。他們為死刑犯準備了一套特餐（在Fresnes監獄是四號餐，外加牛奶、酒、糖、果醬、奶油）；犯人吃了什麼他們也要控管。如有必要，就會強迫犯人進食。待宰牲畜的健康應該處於良好狀態。鬧點脾氣，就是一件東西或一頭野獸僅剩的廉價自由了。「他們都太敏感了」，Fresnes

---

37　原書註：因為週日不執行死刑的緣故，死囚監禁區在週六晚上的氣氛總是比較好。

監獄的一位警衛班長在提及死刑犯時這樣說道，且並無講反話諷刺之意。這是有可能的，不然還有什麼其他方法，能讓他們表現出自由、以及做人僅存的意志尊嚴呢？無論犯人敏感與否，從他被宣判的那一刻起，他就已被送進了一具無法中止運作的機械裏。接下來的幾個星期裏，他隨之運轉、也身處其中的齒輪零件規定了他的一舉一動，最後這些零件再把他交給接手的人，好讓他躺上那一架殺人機器。這個包裹所臣服的，已不再是主導一般活人的偶然命運，而是讓他可以準確預期斬首之日的機械定律。

到了這一天，死囚才不再被當成某件東西。在執行那酷刑的前三刻鐘裏，面對死亡卻無能為力的確定感粉碎了一切；這頭受縛而無法掙扎的野獸已經看到了地獄，這使得先前人家威脅他的話都顯得微不足道了。不管怎麼說，從前希臘人用毒芹來處死人犯，都還要更有人性一些。他們留給犯人某種相對的自由，可以推遲或加速自己死亡的時刻。他們讓犯人在自殺與受死之間選擇。而我們現代人呢，為了保險起見，我們自己執行了公平正義。但是，如果這樣做真的符合一報還一報的公平正義，這個犯人想必在幾個月前就通知了被害人他已決定殺害對方，屆時再跑到對方家裏把被害人五花大綁，告訴對方再過一個小時就要受死了，接著又把這一個小時用來準備殺人用的兇器。可是又有哪個罪犯曾經迫使被害人陷入如此絕望而無力的境況呢？

這也許可以解釋，為何死囚在處決時常會呈現一種詭異的服從。照說這些已經無路可退的人可以孤注一擲，就算被一槍打死、或是在沖昏頭的激烈戰鬥中被砍頭也好。某方面來說，這也

算是自由的赴死。然而，除了少數例外，原則上死囚都在某種極度的沮喪中被動走向死亡。當記者寫到犯人勇敢赴死時，可能這才是他們真正的意思。這也就表示犯人沒有吵鬧、沒有脫離身為包裹的處境、而大家都很感謝他這樣做。因為在這麼一件難堪的事情當中，當事人還能保持一種值得稱讚的謹慎，而且讓整件事沒有拖太久。但是這種對勇氣的恭維與肯定都屬於死刑神話的一部分。因為越害怕的犯人通常就越謹慎。但他必須先被自己的恐懼或無助感變得麻木不仁，才配得上我們報刊的這些溢美。我必須強調，有一些犯人，無論是不是政治犯，的確以英雄的姿態赴死，所以談論他們時也應該帶著恰當的景仰與尊敬。然而大多數的死刑犯，他們沉默的唯一原因就是懼怕而已，他們鎮定的唯一原因就是惶恐而已，而在我看來，這種出於驚恐的沉默甚至還更值得尊敬。當Bela Just神父讓一名年輕的死囚在吊死前給親友寫幾句話時，他聽到的回答是「我連這種心情都沒有了」，當一位神父聽見這番脆弱的告白時，他怎能不向這種人類所能碰到最悲慘也最莊嚴的遭遇鞠躬致意呢？當我們知道，這些不發一語的受刑者，在刑場流下一灘鮮血再被抬走之前先經歷了些什麼，誰還敢說他們死得很懦弱呢？而我們又該如何評價讓他們如此懦弱的這些人呢？無論怎麼說，每個兇手在殺人的時候，都冒了以最慘的方式慘死的風險，而殺了這些兇手的人則不用冒這個險，說不定還能因此加官晉祿。

不，人類在此的遭遇已超出了精神能處理的範圍。無論是德行、勇氣或才智，甚至是清白，在這裏都無濟於事。整個社會頓

時陷入原始的恐怖之中，在此已無辨別是非的標準。所有的公正、以及所有的尊嚴，都已消失無蹤。

> 即使自認無辜，也不保證他就可以無畏地受
> 刑……我見過一些真正的強盜勇敢赴死，但也看
> 過無辜者在受死時渾身顫抖不已。[38]

　　神父還補充說，依他的經驗，知識分子更容易變得虛弱無力，但他並不是認定這類人比別人更缺乏勇氣，他們只是比別人更有想像力而已。人在面對必至的死亡時，無論他的信仰為何，都會徹底崩潰[39]。光是面對恨他不死的全民聯盟時感受到的無力與孤寂，對束手就擒的受刑人來說，就已經是種難以想像的懲罰了。從這個觀點來看，死刑也應該要公開進行才對。如此一來，每個人心底的戲劇秉賦才會發揮作用，讓他不再形似那惶恐待宰的牲畜，而是在眾目睽睽、乃至他自己的注視之下，撐起一點人的體面，但是暗夜與不見天日卻只能讓他陷入徹底的絕望。在這場摧殘之中，無論是勇氣、心靈的力量、甚至信念本身，都可能只是出於偶然而已。一般來說，早在執行死刑之前，對死刑的等待就已經把這個人給摧毀了。我們其實把他處死了兩次，其中第一次又比第二次更嚴重。與這相較，以牙還牙還顯得更像是種文明的

38　原書註：Bela Just神父語，前揭。
39　原書註：一位信仰天主教的外科名醫向我坦承，當病患的癌症無法治癒時，他並不會告知病患。他認為這個衝擊可能危及他們的信仰。

律法。至少別人弄瞎他兄弟一隻眼睛的時候，以牙還牙原則並不會要求把這人的兩隻眼睛都挖掉。

此外，這種根本的不義也波及了死囚的親人。被害人親友的哀慟大多是無窮無盡的、通常也是渴望復仇的。被害人親友固然得以報仇雪恨，但囚犯的親人卻因此經歷了無以復加的痛苦，然而這種折磨稱不上是正義公理。一位母親或父親在幾個月當中的期待、在會客室裏與犯人講些場面話的片刻、最後則是處決的景象，這些都是對死囚親屬的折磨。但這些折磨並未施加在被害人親友身上。無論被害人親屬的感受為何，他們都不能要求一種比犯行還要過分那麼多的報復，不能希望這個報復如此殘酷地折磨那些對自己的苦痛感同身受的人。

> 一名死刑犯寫道：神父，我被赦免了，我還不敢完全相信我竟然這麼幸運；他們在4月30號簽了我的特赦令，而且在禮拜三我從會客室回來的時候告訴我這件事。我馬上就通知了還沒離開la Santé監獄的爸爸媽媽。請您想像一下他們有多高興吧。[40]

我們可以想見他們的高興，因為我們可以想像，他們在獲知特赦消息之前那無盡的痛苦，而那些接到另一種通知的人又是多麼

40　原書註：R. P. Devoyod前揭著作。同樣地，閱讀一位父親或母親提出的特赦訴願時，必定會震驚於他們顯然不能理解這項突然落在他們身上的懲罰。

的絕望；拒絕特赦的通知不公道地懲罰了他們的無辜與痛苦。

為了要給以牙還牙原則做一個總結，我們必須認識到，就算是原始型態的以牙還牙原則，這個原則也只能成立在兩名個人之間，而且其中一方必須完全清白無辜、另一方則徹底有罪。受害者當然是無辜的。但是，理論上代表了被害人的這個社會，真能說自己清白無辜嗎？社會如此嚴懲的這件罪案，難道社會本身對此就完全沒有責任、或者至少一部分的責任嗎？常有人探討這個主題，而我也不會一一覆述各方人士從十八世紀以來提出的種種說法。不過我們可以幫這些說法抓一下重點，那就是什麼樣的社會就有什麼樣的罪犯。既然我們在法國，就不能不將一些應該足以讓立法者們更加謙卑謹慎的情勢說清楚。《費加洛報》（Le Figaro）在1952年進行了一份對死刑的調查，在對這份調查的回應中，一位上校斷言，如果以終身勞役取代死刑的話，那簡直就像是在建立一個犯罪進修班。我是滿為他慶幸的，還好這位長官根本沒發現：我們早就有個犯罪進修班了，它與重刑犯監獄的明顯不同處，就是大家不分晝夜都可隨意進出：這就是街頭巷尾的小酒館、以及那堪稱我們共和國榮耀的貧民窟。針對這一點，無論用什麼方式表達都不可能委婉的。

依照統計數字的估算，單單在巴黎市就有64000戶住宅擠了太多人（每個房間三到五人）。當然，像殺害兒童的兇手這種極度可恥的傢伙，得不到任何同情。在我的讀者當中，就算身處同樣擁擠的環境，應該（我只說應該）也沒有人會走到殺害小朋友這一步。所以怎麼說都不能減輕某些禽獸的罪孽。但這些禽獸如果

住在稍為像樣的房子裏，也許就不會做得這麼過分。起碼我們可以說，有罪的不是只有他們而已，而那些決定把錢拿來補貼甜菜種植也不願拿來蓋房子的人[41]，卻有權利來懲罰這些罪犯，這實在說不過去[42]。

　　而酒精又讓這件醜事變得更引人注意。我們知道法國這個國家因為一些常常很可恥的理由，而受到國會多數黨有系統地毒害。但是在流血罪案當中，因酒精而引起的比例又高得令人側目。根據Guillon律師的估計，這個比例是60%。依照Lagriffe醫師的看法，則介於41.7%到72%之間。於1951年在Fresnes監獄的中心對囚犯進行的一項調查顯示，在觸犯普通法的犯人之中，有29%長期飲酒，24%有家族飲酒史。最後，在殺害兒童的兇手當中95%有酒癮。這些都是很顯著的數字。我們還可以提出更驚人的數字：一家販賣開胃酒的公司於1953年向稅務機關申報的收益高達四億一千萬法郎。比較這些數據之後我們即可看出，這家酒商的股東們、以及喜歡喝酒的議員們，確實害死了比他們想像的還要多的孩童。身為死刑的反對者，我當然不會要求把他們也判死

41　原書註：依照1957年的數據，法國的酒類消費量在各國中排第一名，建設量則排第十五名。

42　我們現在可能會對於作者將飲酒、住房、犯罪等議題連結在一起感到疑惑；然而，自十九世紀末起，酗酒及其社會問題，在法國就一直是輿論的爭議焦點。當時的人對於酒精的疑慮，就類似我們今天看待毒品的態度。大家相信，濫用酒精會造成暴力行為、降低判斷力、使人無法為自己的行為負責，因此酗酒本身就是犯罪的成因。酒類飲料銷售量的居高不下，也就意味著政府從中獲得的高額稅收。另一方面，從1930年代的經濟危機、二次大戰，直到戰後重建期間，法國政府都未能處理住房需求的問題，終於造成了1950年代的住房短缺，迫使底層的勞動階級必須藏身於酒館中（其後遂有了1960至70年代的大型集合住宅興建計畫）。

刑。但是，做為一個起步，我覺得有迫切的必要用武裝把他們押去參觀下次處決殺童犯的現場，出來時再給他們看用我剛才說過的統計數字寫成的報告。

既然國家自己種下了放任酒精這個因，自然就不意外會得到犯罪這個果[43]。總之國家並不驚慌，他們只負責砍掉那些人頭而已，雖說這些人頭先前也喝了不少國家餵的酒。國家用一種神色自若的態度在主持正義，並以正義的捍衛者自居：它自命的良知還是完美無瑕的。有位酒商在回答《費加洛報》的調查時，如此喊道：「最堅決的廢死支持者，要是突然撞見殺手正要殺他的爸爸、媽媽、小孩或最好的朋友，如果他手裏有武器，我們都清楚他會怎麼做，走著瞧！」這句「走著瞧」本身似乎也帶了點酒意。很自然地，這位最激進的廢死支持者會對兇手開槍，天經地義，而這與他堅決主張廢死的理由並不衝突。不過要是他還能堅持這些理念，而上述殺手的身上也散發酒味的話，他接著就會去追究那些專門製造酒精中毒罪犯的人。他甚至還會相當驚訝，因為酒精犯罪被害人的家屬也沒想過要去議會討個說法。相反地，國家雖然肩負民眾的信賴、擁有民意的支持，卻只會教訓那些殺人犯、尤其是有酒癮的殺人犯，這有點像皮條客在教訓那些賺皮肉錢讓他有飯吃的小姐一樣。但是皮條客不會講大道理，國家卻是滿口仁義道德。雖然國法的原則承認，酒醉有時可以構成減輕

43　原書註：死刑的支持者從十九世紀末就抨擊犯罪率在1880年以後的增長，看似與死刑的減少使用相伴發生。但是允許零售酒類無需預先核准的法律正是在1880年才通過的。現在可以好好詮釋這些統計數據了！

罪行的理由，但是卻不考慮長期酒精成癮的情形。然而，只會帶來暴力犯罪的酒醉，並不會讓他被判死刑，但是可能造成預謀犯罪的長期酒癮，卻可能把他害死。因此，國家行使懲戒權的案子，偏偏都是國家自己也負有重大責任的案子。

這個意思是不是說，國家應該痛心疾首、痛斥所有的酗酒者都不負責任，直到全國國民都只能喝果汁為止呢？當然不是。就像，種種歸咎於遺傳或環境的理由，並不能抵銷所有的罪過。我們無法準確計量一個輕刑犯自己到底要負多少責任。先不管有沒有酒癮，我們是算不清我們先祖的總數的。如果一直算上去，祖先的人數就會比現在全球人口總數還要多上10的22次方那麼多倍。因此，他們到底在我們身上留下了多少惡質或病態傾向，是無法估計的。我們來到世上的時候，就背負了數不清也去不掉的先天條件。如此一來就可以下結論說，大家都不用負責了。按照這個邏輯，世界上應該沒有懲罰也沒有獎勵，此時整個社會也維持不下去了。相反地，社會與個人出於存續本能，都會要求每個人對自己負責。我們必須接納這種責任感，而不能幻想什麼絕對的寬恕，因為那會造成整個社會的死亡。但是這種推導也會讓我們得出一個結論，那就是世上從來就沒有完全的責任，所以也就沒有絕對的懲罰或絕對的獎勵。沒有人能獨自居功以獲得獎勵，就算領了諾貝爾獎也一樣。就算我們認定他犯了罪，也沒有人應該被處以絕對的懲罰；更別說他還可能是被冤枉錯判的無辜者，就更不該如此了。死刑，它既不真正具有警世的效果、它也不能真正公平地伸張正義，竟然還妄稱以一個絕對而無可挽回的刑罰

來懲處一個終究是相對而言的罪過，進而竊據了一個膨脹的特權位置。

　　如果說死刑用以警世的效果是可疑的、而它伸張的正義也是不牢靠的，那麼我們和死刑的支持者還得承認，死刑是消滅性的。死刑一旦消滅了犯人就無法挽回了。說真的，僅僅是這件事，就讓別人、尤其是死刑的支持者，無法再重複那些冒險的論點，因為我們已經看見，這些論點可能一直都是有爭議的。用比較法律式的說法，死刑之所以無可挽回，是因為它必須是無可挽回的，是因為它保證社會上的某些人是無藥可救的，他們對全體民眾與社會秩序構成了長久的危害，所以才應該立刻讓他們永遠消失。至少，沒人能否認，社會上就是存在一些畜牲，看來也沒什麼方法可以減弱他們的衝動與殘暴。死刑當然沒辦法解決這些人造成的問題。但死刑至少可以消除這個問題[44]。

　　我稍後會再回來談這種人。可是極刑難道只會用在他們身上嗎？誰能跟我們保證，沒有一個被處決的人是可能改過遷善的？甚至，誰能發誓這裏面沒有一個是冤枉的？在這兩種情形下，我們豈能苟同地說：「既然受刑者都是絕對無可救藥的，死刑的這種毀滅性也是可接受的？」昨天，1957年3月15日，Burton Abbott在加州被處決了，他因殺害一名十四歲的女孩而被判處死刑。我想是因為惡行重大的關係，所以這犯人就被歸在無藥可救的那一類。雖然Abbott始終聲稱自己是無辜的，他還是被判刑

44　這裏的邏輯近似「暴力不能解決問題，但是可以解決你」。

了。執行時間訂在3月15日上午10點。9點10分，簽發了一道延緩
執行令，准許辯護人提出最後的訴願[45]。11點，上訴遭到駁回。
11點15分，Abbott進入毒氣室。11點18分，他吸入第一口毒氣。
11點20分，特赦委員會的秘書打電話到監獄去。因為特赦委員會
已經回心轉意了。秘書先是找州長，但州長乘船出海去了，所以
才直接打給獄方。他們把Abbott從毒氣室拖出來。已經太遲了。
只要前一天加州的天空烏雲密佈，州長就不會搭船出海了。他就
可以早兩分鐘打電話過去：今天Abbott就還活著，可能還看得見
他的冤情平反。其他所有的刑罰，不管有多痛苦，都還能留給他
這個機會。但是死刑沒有留給他任何機會。

　　人們會認為這個案子不過是個偶然的特例。但我們的人生也同
樣地偶然，而且在我們短促的一生中，這事就發生在離我們不遠
處，搭飛機只要十幾個小時就到。Abbott的不幸並不像一條平凡
的社會新聞那麼偶然，如果我們相信報紙所寫的（比如Deshays
一案，就以這最晚近的例子來說），那這個錯誤就不只是孤例。
大約在1860年，法學家Olivecroix在一連串的司法疏失之後計算
了它的出錯機率，結論是大約每257件案子就有一名無辜的人會
被判刑。比例很低嗎？若以一般的刑罰而言，這樣的比例也許算
低。以死刑而言，這樣的比例已是無限大。當雨果寫道，對他
來說每一具斷頭台的名字都叫作Lesurques[46]，他的意思並不是說

45　原書註：要註明的是，在美國的監獄，他們的做法是在處決前一日為人犯更換舍
　　房，向他宣告即將到來的處決儀式。
46　原書註：因「里昂郵車」（Courrier de Lyon）搶案而被誤送上斷頭台冤死的無辜
　　者。

被斷頭台砍頭的每個犯人都是Lesurques，但只要一個Lesurques
就夠讓斷頭台永遠蒙上恥辱了。我們曉得比利時在一次誤判之後
就已經不再判處死刑，而英國也在Hayes案之後提出了廢死的議
程。我們曉得的還有這位總檢察長的結論，他參與審查一名嫌犯
的特赦申請，嫌犯犯案的可能相當高，只是始終沒有找到被害人
的遺體，而總檢察長如此寫道：「X的存活……讓當局得以有效
地檢驗所有可資證明他妻子仍然在世[47]的新線索……相反地，執
行死刑就是消滅了這個檢驗的假設性可能，我擔心這會使得那最
細微的線索只剩一種理論上的價值、會帶來一種我認為絕不該出
現的，造成懊悔的推手。」對於公平正義與事實真相的執著在這
裏表達得相當動人，而我們在審判中也應該常常引用這句「造成
懊悔的推手」，因為它簡潔而堅定地表達了陪審團所面臨的危
險。一旦無辜者冤死，就再也沒有什麼能補償他了，如果還有人
能為他伸冤的話，充其量也只能恢復他的名譽。我們只好還他一
個清白，雖然他本來就是清白的。但他所承受的迫害、恐怖與死
亡都已經無可挽回了。如今我們只能替未來的無辜者設想，好
讓他們不必接受酷刑的磨難。在比利時已經這麼做了。在我們國
家，大家看上去卻沒有一點良心不安。

　　這種心態可能來自於一種觀念，那就是司法本身已經有所進
步，而且與科學一起同步並進。當專家學者在法庭上發表論述
時，他就像從前的神父一樣權威可信，而從小把科學當成宗教

47　原書註：嫌犯被指控殺妻。但始終未尋獲其妻子的遺體。

來信仰的陪審團則頻頻點頭。然而，近來的案例，其中又以Besnard案[48]為代表，則讓我們瞭解了所謂的專家鑑定可以多像是場鬧劇。我們無法更確定犯人是否有罪，因為這一位專家在他的試管中判定可作為犯罪證據的劑量，卻可以讓另一位專家得到相反的結論。於是在這冒險的計算當中，各人主觀考量的差異始終佔據了很大的份量。這些學者裏真正擁有專業素養的比例，就跟法官當中懂心理學的比例差不多，也沒比陪審團當中認真客觀成員的比例高多少。今日，一如以往，發生錯判的機會依舊存在。到了明天，另一位專家又會說另一個Abbott是冤枉的。但是Abbott還是要受死，因科學方法而死。科學雖然號稱可以證明有罪或清白，卻還無法讓那些被它殺死的人復活。

在這些受刑人當中，我們真的確定殺掉的全是無藥可救的人嗎？所有像我一樣，在生命中的某個時刻不得不去旁聽刑事審判的人，就知道在每一宗判決之中都有很高的偶然成分，連死刑判決也不例外。被告的長相、他的過往事蹟（通姦常被陪審員看作一種足以加重罪行的情節，雖然我並不相信這些陪審員全都沒有發生過外遇）、他的態度（通常要比較老派、也就是刻意表演的態度，才會比較有利）、甚至是他的用字遣詞（回籠的慣犯就會知道講話不能太結巴但也不能太流暢）、博取聽眾好感的一些小故事（至於真相，唉，有時候就不是那麼動聽），有這麼多的偶

48　Marie Besnard（1896–1980）在1949年被指控毒死了包括她丈夫在內的12人，一度被求處死刑，但在1954年獲釋，並於1961年無罪定讞。訴訟期間，辯方律師指控鑑識工作粗心大意，故其報告不足採信。

然可能影響陪審團的最終決定。在判處死刑的那一刻，我們即可肯定，在實行這種再確定不過的刑罰之前，有極多的不確定性在其中起過作用。當我們知道陪審團對減刑條件的評估會影響終審判決，尤其是當我們得知1832年的改革讓陪審團有權給予法條並未明文規定的減刑條件，我們即可想見，這其中有多少空間可能受到陪審團一時的心情影響。詳細規定哪些案子應該判死刑的並不是法律，而是陪審團，我們得這麼說，他們在那當下覺得被告應得的。每個陪審團都是獨一無二的，被處死的人換了個地方可能就不會死。在Ille-et-Vilaine的好人眼裏看來無藥可救的，在Val的民眾看來卻可能情有可原。不幸的是，這兩個省的鍘刀落下時都一樣叫人身首異處。鍘刀不管細節。

　　在地點的偶然之外再加上時間的偶然，就更增強了這整件事的荒謬性。因為在一家工廠的衣帽間放置炸彈（在引爆前就被發現），而剛在阿爾及利亞被砍頭的法國共產黨工人[49]會被判死刑，固然是由於其行動本身，但也是因為當時的輿論風向使然[50]。在當前阿爾及利亞的氣氛裏，他們一邊想證明給阿拉伯人看：斷頭台也一樣會砍法國人的頭，另一邊又想安撫痛恨恐怖主

49　這名工人叫作Fernand Iveton（1926-1957），是阿爾及利亞的法裔勞工，阿爾及利亞共產黨成員，甚至以白人的身分加入了獨派組織FLN（Front de Libération Nationale，阿爾及利亞民族解放陣線）。1956年11月14日，他在自己在發電廠的置物櫃放了一枚定時炸彈，原本希望在下班後沒人時再引爆以免造成傷亡，卻事跡敗露。

50　雖然並未造成死傷，但是由於當時正值阿爾及爾戰役（法軍與FLN的戰鬥，1956年12月至1957年1月）期間，社會情勢緊張，故輿論皆曰此人可殺。

義罪行的法國人。然而這位替處決執行辯護的部長[51]，同時卻又在他自己的選區接受了共產黨的選票。如果當初情勢並非如此，這名被告就可以輕輕鬆鬆逃過一劫，說不定哪天當上了共黨的國會議員，還可以跟部長在同一個吧檯喝酒。希望我們這些高官可以一直記得這些苦澀的想法。他們必須明白，社會風氣會隨著時代而改變。總有一天，這個死得太早的犯人就不再顯得這麼壞了。但如今為時已晚，我們對這件事只能選擇懊悔或是遺忘。當然，我們只會忘記這事。但社會本身卻也遭受了不小的損害。依照希臘人的說法，未受到懲罰的犯罪將會玷汙城邦。但是讓無辜的人被判刑、或是量刑過重，長期來說，所造成的汙穢也不少於此。這樣的事我們在法國都看多了。

我們會說，這就是人間的司法，雖然不完美，但總比任意獨斷要好。但這種無奈的肯定只有在討論一般刑罰的時候才說得通。談到死刑判決的時候，這種肯定就顯得可恥。一本關於法國司法的經典著作，在論及死刑無法再分出等級時，便如此寫道：「人類的司法絕不可能保證那種比例關係。為什麼呢？因為這司法知道自己是殘缺的。」難道因此就可以下結論說，我們仗著這份殘缺就可以做出某種絕對的判決嗎？就因為不確定能否實現純粹的正義，社會就該冒著極大的風險去拼命追求那種終極的不義嗎？如果司法明知自身有所缺陷，難道不該表現得更加審慎，在其判

---

51 指的是密特朗（François Mitterand, 1916-1996），他在1957年7月就任左派內閣的法務部長，卻駁回了Iveton的特赦申請。但是密特朗在1981年當選總統後，同年就在其法務部長Robert Badinter的推動下廢除了法國的死刑。

決周圍保留一份足夠的餘地，以挽救可能的錯誤嗎[52]？既然司法總是可以在這弱點當中為自己找到減輕責任的理由，司法難道不該也對罪犯這樣做嗎？陪審團難道好意思說出「如果我不小心錯殺了您，看在我們共同天性就是有些弱點的份上，請您原諒我。雖然我在判決您死刑的時候並未考量這些弱點，也沒想過這種天性」這樣的話嗎？在犯錯與偏差這兩件事上面，所有的人類都有一種同理與同情的關係。難道這種同理與同情只適用於法庭成員、而被告就該被排除在外嗎？不是這樣的，而且如果司法在這世界上還有某種意義，那也就是承認這種同理與同情而已；從本質上來說，司法就不能與憐憫分開。當然，憐憫在這裏的意思只能是對於一種共同痛苦的感受，而不是那種輕浮廉價的寬恕，這種寬恕完全無視被害人的痛苦與權益。憐憫並不表示不要懲罰，只是要排除終極的審判而已。憐憫排斥的是最終確定、無可挽回的措施，這種措施對所有人類來說都是不公正的，因為它並未考慮到全人類共同處境之中的苦難。

坦白說，有些陪審團很明白，就算在毫無理由減刑的犯罪中，他們還是對其中一些案件從輕量刑。他們認為判死刑在這裏顯得太過分了，所以就寧可輕判也不要重判。因此，把刑罰制定得極端嚴苛不但不能制裁犯罪，反而還會鼓勵犯罪。每次刑事審判之後，我們在報刊上讀到的都是，這個判決是沒有條理可循的，與

52　原書註：我們對於特赦了Sillon感到欣慰。他最近殺死了自己四歲的女兒，因為孩子的母親想跟他離婚，而他不想把孩子讓出去。然而在他被收押時，我們發現Sillon的腦部患有腫瘤，這就解釋了他瘋狂的行動。

案情相較之下，判決顯得不是過輕就是過重。但是陪審團成員也不是不知道這一點。只不過，一想到死刑茲事體大，他們的做法就像我們一樣，寧可被當成一群無能的笨蛋，也好過在接下來的夜裏輾轉難安。在知道自己有缺陷後，他們至少還從中找出了一些合適的解決辦法。這樣的做法看似不合邏輯，但正因如此，正義是站在他們這一邊的。

然而也有些惡性重大的罪犯，無論何時何地的任何陪審團都會判他們有罪，他們的罪行是無庸置疑的，而檢方提出的證據也與被告的當庭自白相符。很有可能，這些人的異常或殘忍行徑，已將他們歸於病態之列。但是在大多數的個案中，精神病專家仍然認為他們應對此負責。最近在巴黎，有名性格軟弱、但卻溫和而熱情、且與家人很親近的年輕人，據他自己的供詞，因為被父親責備晚回家的事而覺得惱怒。他的父親當時正坐在餐桌前閱讀。年輕人拿起一把斧頭，從後面往他父親使勁砍了好幾斧。然後他又用同樣的方法也砍了廚房裏的母親幾斧頭。他換下自己的衣服，把沾血的長褲藏進衣櫥，然後去探望未婚妻的父母，接著回家並向警察報案說他發現自己的父母遭人殺害。警方很快就發現了沾血的長褲，並且毫不費力就取得了這名弒親逆子平靜道出的口供。幾名精神科醫師的結論是這人應負起因氣憤而殺人的責任。他那不尋常的無動於衷，包括他在獄中的某些表現（他對於有很多人為他父母送葬感到欣慰，他向律師說道：「他們人緣很好」），實在很難視為正常。但是他的推理能力看來還是完好的。

許多「怪物」都有著同樣讓人猜不透的面貌。在只考慮他們所作所為的情形下，他們就被消滅了。乍看之下，他們罪行的性質與重大程度都讓人無法想像他們還有悔悟或改過的可能。我們該作的只是不讓他們有機會再犯，所以除了消滅他們之外別無選擇。在這種邊緣的情形下，也只有在這種邊緣的情形下，關於死刑的討論才有其正當性。在所有其他的案例裏，那些保守主義者的論點就完全無法招架廢死論者的批判了。相反地，在這種限制下，基於我們對這些人的情況一無所知，反而要面對一個大膽的賭注。有人認為，就算是最壞的人也要給他一個機會；也有人覺得，這種機會是虛幻不實的，但卻沒有任何事實或推理可以據以判定孰是孰非。但是，如果我們專注於今日，那麼在歐洲，藉由評估死刑的適切性，或許我們就可能超越死刑支持者與反對者在這條最終邊界上的長久對立。我雖然才疏學淺，卻還是想試著依循瑞士法學家Jean Graven教授的主張來思考這個問題；他於1952年在其關於死刑問題的傑出研究中寫道：

> 面對這個再次向我們的良知與理性提出的問題，
> 我們認為尋求解答的方式並不是研究過去的構
> 想、問題與論點，也不是研究未來的展望與理論
> 承諾，而應該研究當前的觀念、資料、以及必要
> 性。[53]

53　原書註：引自《犯罪學與刑事鑑識期刊》（*Revue de Criminologie et de Police technique*）特別號，日內瓦，1952年。

　　的確，我們可以引用幾個世紀以來的史實、以及各式各樣的觀念，來永無止境地爭論死刑帶來的正面與負面後果。但是死刑在此時此地就是扮演了某種角色，而面對著現代劊子手的我們，也必須在此時此地作出自己的定義。對於世紀中葉的人類來說，死刑究竟意味著什麼呢？

　　簡單地說，我們的文明不但已經失去僅有的、可以用某種方式支持死刑的那些價值觀，還承受了諸多惡果，由此更顯出廢除死刑的必要。換句話說，應該要由這個社會中已有所警惕的成員來提出廢除死刑的要求，在這後面有著邏輯的理由、同時也有現實的理由。

　　先來談邏輯。裁決某人應受到極刑的懲罰，等於是判斷這人再無挽救的希望。我們要再次強調，就是在這一點上，造成了各種論點之間的盲目爭執，並且僵持在徒勞無功的對立之中。正因為我們全都同時身兼裁決者與當事人，所以我們當中沒有任何人可以對此做出公正的斷言。這是何以我們對於我們的殺人權利有所疑慮，也對於說服彼此感到無力。若不是絕對的純潔無罪，就不能進行終極的審判。然而我們在這一生中都做過壞事，即便這壞事並不在法律制裁的範圍之內，卻也構成了某種不為人知的罪惡。世上沒有絕對正義的完人，只有一些在正義面前多少顯得卑微的心靈而已。活著，至少，讓我們懂得這件事，並讓我們能在一生的作為中增添一點善，多少補償一下我們帶給這個世界的惡。與生存權相隨的是補償過錯的機會，這是所有人類的自然權利，就連最壞的人也不例外。即使是最惡劣的罪犯與最公正的法

官，也都站在相近的位置，經歷同樣的悲苦、也同樣休戚與共。若是沒有這種權利，道德生命也就不可能存在了。特別要說的是，在我們當中沒人有資格對某人絕望，除非此人已死，他的生命都已成既定，才可以下最終的判斷。反之，在死前就宣讀最終審判，在人還活著的時候就將他蓋棺論定，任何人都沒有這種權力。至少在這個範圍內，做出絕對判決的人，也給他自己判了絕對的罪。

Masuy幫派的Bernard Fallot曾經為蓋世太保[54]工作，在被指認出他犯下的諸多可怕罪行之後被判處死刑，他在死時表現了可貴的勇氣，宣告自己罪無可赦。他向一名獄友說：「我的雙手沾滿了太多血腥。」[55]一般人與承審法官的意見無疑都會認為他已無可救藥，如果我沒讀到這一篇驚人的證詞的話，可能也會傾向這樣想。Fallot在公開宣告他希望能死得勇敢之後，是這樣向同一位獄友說的：「你要我告訴你我最大的遺憾嗎？好吧！那就是沒能更早一些認識聖經。我跟你保證，要是能這樣，我現在就不會在這裏。」這裏不是在講一些陳腔濫調的醒世圖畫故事，也不必聯想到雨果筆下改邪歸正的勞役犯。在啟蒙時代，人們主張廢除死刑的理由是：人性根本上是良善的。當然，人性並非從根本上就是善的（有可能更壞或更好）。經過了這二十年的壯觀歷史[56]之

54　即Gestapo，是德語秘密國家警察（Geheime Staatspolizei）的縮寫。為納粹德國時期負責保安、政治、掃蕩等勤務的秘密警察編制，由黨衛隊（SS）所掌控。

55　原書註：引自Jean Bocognano著，《猛獸的街坊，Fresnes監獄》（*Quartier des fauves, prison de Fresnes*），Fuseau出版社。

56　此處在反諷法國過去二十年（1937-1957）以來的不光彩歷史，包括對西班牙內戰袖手旁觀、以及殖民戰爭等等。

後，我們已深知這一點。但正因為人性並非全善，所以我們之中沒人可以充當絕對的審判者，去宣布要徹底殲滅那些最惡劣的罪犯，原因就是我們裏面沒有人可以聲稱自己絕對無罪。極刑判決所破壞的，是人類唯一無可爭議的共同連帶，那就是對抗死亡的共同連帶，所以，除非得到了某種將自己置身於所有人類之上的真理或原則的支持，否則死刑判決就是不正當的。

其實，極刑在幾個世紀以來，始終是一種宗教性的刑罰。它在實行時使用了在人間代理神的國王之名義，或是教士之名義，或是社會做為一種神聖整體的名義。於是這種刑罰並未破壞人類之間的共同連帶，而是將罪犯逐出了那唯一能賦予他生命的神所創造的社群。他塵世的生命可能被奪走了，但補償的機會卻留下來了。真正的審判並未宣布，因為那將是另一個世界的事。因此只有宗教的價值觀，尤其是對永恆生命的信念，才能當做建立極刑的基礎，因為依照他們自己的邏輯，這種刑罰在宗教價值看來就不是最終確定且無可挽回的。正因為極刑並不是最終的審判，它才具有正當性。

舉例來說，天主教會就一直同意死刑有其必要。在其他時代裏，教會自己就不吝於判別人死刑。就算到了今天，教會都還主張死刑，並支持國家有使用死刑的權利。縱使在立場上有著些許不同，一位從弗里堡市[57]選出的瑞士國會議員於1937年在國會的

---

57 弗里堡（英、法文：Fribourg；德文：Freiburg）是瑞士的城市，也是同名弗萊堡邦的首府，位於法語區和德語區交界處。不同於德國巴登符騰堡邦的城市弗萊堡（Freiburg）。

一場對死刑的討論中，卻將教會的這種深層感受給表達了出來。依照這位Grand先生的說法，就算是最壞的罪犯，在面對死刑的威脅時，也會反省他自己。

> 他懺悔了，因為即將赴死而驅使他懺悔了。教會拯救了他們其中的一分子，也就完成了它的神聖使命。這就是為什麼教會持續認可死刑，不只是當作一種正當防衛的工具，*還當做一種在拯救靈魂上也很有效的工具*[58]。就算教會不把參與實施死刑當做神職工作的一部分，死刑對他們來說還是可以發揮某種近乎神聖的有效性，就像戰爭一樣。

或許是服膺同樣的理念，在弗里堡市劊子手的配劍上，也刻著「主耶穌，祢是審判者」的格言。於是劊子手便肩負了一項神聖的任務。只有他可以毀壞這肉身，好將靈魂送交天上的神來審判，在這之前無人有權預審。我們認為，類似的格言可能會引發相當可恥的誤解。對於恪遵耶穌教誨的人來說，這把漂亮的的配劍是對基督個人[59]又一次的褻瀆。由此我們即可瞭解，一名俄國囚犯在1905年被沙皇的劊子手吊死時，對著前來以耶穌聖像撫

---

58 原書註：斜體為作者所加。
59 耶穌（Jésus de Nazareth）是歷史人物，基督（Christ）則是教會將耶穌聖化後的「敬稱／頭銜」。因此這裏的「personne」指的除了一般的人格，也可以是三位一體之中聖子的位格。所以卡繆藉此凸顯天主教會的僭越妄為。

慰他的神父，所說出的可怕話語：「請您離遠一點，別褻瀆了聖
物。」就算不是教徒，也很難不這樣想：既然天主教信仰的核心
就是一位令人動容的司法錯誤受害人，那麼在面對法律的殺戮
時，他們也該顯得有些保留吧。也可以提醒教徒，尤利安皇帝[60]
在轉向異教之前，就已經不願意任命基督徒擔任政府公職，因為
他們全都拒絕宣判或執行死刑。在長達五個世紀的時間裏，基督
徒都堅信：他們的主的嚴格道德教誨，是不允許他們殺人的。但
是天主教信仰的內容並不只是來自基督本人的教誨而已。這些信
仰的內容也同樣來自舊約聖經，也來自聖保羅與歷代教父[61]。尤
其是靈魂的不朽，以及所有肉體都會復活，這些在教義當中都
有明文記載。從那時起，死刑對信徒來說，就是一種暫時性的處
罰，好暫時把最終的判決懸置起來，是種只是對地上的秩序而言
才有必要的做法，是一種行政措施，其目的不但不是為了終結惡
人的存在，反而是為了讓他獲得救贖。我並不是說所有的信徒都
這樣想，而我也完全可以想像，有些天主教徒用亦步亦趨的方式
追隨基督，對於摩西或聖保羅則保持距離。我只是說，對於靈
魂不朽的信仰使得天主教可以用相當不同的概念來探討死刑的問
題、以及為死刑辯護。

　　然而，在這樣一個我們身處其中的、無論是體制上還是道德上

60　尤利安二世（Flavius Claudius Iulianus，331－363；英文作Julian，法文作
　　Julien，中文有時亦譯為朱利安），君士坦丁王朝的羅馬皇帝（361－363在位），
　　年少時曾經受洗，及長卻轉向傳統希臘羅馬多神信仰（異教），即位後並以政策鼓
　　勵其復興，因而被基督教會稱作「背教者尤利安」。

61　基督教歷史上的「教父」（英：Church Fathers；法：Pères de l'Église）指的是作
　　品對後世教義有重大影響的早期教會作家與宣教者，如聖奧古斯丁等。

都已經去宗教化的社會裏，這種辯護方式又代表了什麼意義呢？
如果一個法官是無神論、懷疑論、或不可知論者，那麼當他判某
個不信教的囚犯死刑的時候，他宣判的就是一個無可挽回的最終
懲罰。他沒有神的力量、也不信神，卻把自己放在了神的寶座
上[62]。總之他還是殺了這個人，只因為他的祖先相信生命是永恆
的。然而，法官聲稱自己代表的這個社會，事實上宣布的卻是一
種純粹的消滅措施，如此便破壞了一致對抗死亡的全人類共同
體，並且，因為社會聲稱自己擁有絕對的權力，所以社會就把自
己當成了絕對的價值標準。社會可能還是會基於傳統，向犯人派
出一位神父。神父可以合理地期待，對於刑罰的恐懼有助於讓罪
犯皈依信仰。然而，若是要在這種算計中，為一種通常是在完全
不同的精神狀態下施行與接受的刑罰來進行辯護，又有誰會接受
呢？在害怕之前就相信是一回事，在害怕之後才找到信仰又是另
一回事。迫於燒死或是砍頭的威脅才皈依的信仰，總讓人懷疑其
中有幾分真心。我們還以為教會早已不再用恐怖訴求來征服不信
者呢。無論如何，像這種社會致力擺脫的宗教皈依行動，對於已
經去宗教化的社會來說是毫無意義的。社會規定了一種神聖的刑
罰，同時卻又去除了這種刑罰的藉口與效用。社會造成自己的主
旨錯亂，將它自己內部的壞人堂而皇之的消滅，好像社會就等於
美德本身一樣。這就像一個名聲良好的人殺死了自己不走正道的
兒子，並說道：「真的，我再也不知道要怎麼辦了。」社會擅自

---

62 原書註：我們知道陪審團的判決都是以此格式開頭的：「以上帝與我的良心為
證⋯⋯」

僭取了篩選的權利，好像社會自己就是大自然一樣，社會又為淘汰這件事增添了巨大的痛苦，好像社會自己就是救世主一樣。

　　畢竟，如果宣稱因為某人是絕對邪惡的，所以我們應該把他從社會絕對移除，那就等於是說這個社會是絕對良善的，但現在只要是有想法的人都不會這樣相信。大家不但不會相信這套說詞，反而更容易得出完全相反的意見。如果我們的社會變得那麼壞那麼罪惡，那必定是因為社會已經把自己確立為最終的目的，而且除了社會自己在歷史當中的存續或成功之外，這個社會也不再尊敬任何事物了。的確，社會是已經去宗教化了。但這個社會在十九世紀也開始把自己變成宗教的替代品，把社會本身當作是崇拜的對象。進化的教條與相伴而來的篩選觀念，已經為這個社會的未來設定了終極目標。最後，一些移植了上述教條的政治烏托邦就設想了一個歷史終結的黃金時代，好預先為所有的行動辯護。這個社會已習慣於正當化所有能用以實現未來的事物，並為此以絕對的方式濫用極刑。從這一刻起，所有妨礙其計畫與俗世教條的事物，都被社會看作是一種犯罪或褻瀆。換句話說，原本為教士服務的劊子手已經變成了公務員。其造成的結果如今就在我們身邊。既然事已至此，那麼到了世紀中葉，這個從邏輯來說已經無權宣判死刑的社會所該做的，就是基於現實主義的理由廢除死刑。

　　面對犯罪，我們的文明又要如何為自己下一個定義呢？答案

很簡單：這三十年來[63]，國家所犯下的罪，要遠超過個人所犯的罪。雖說鮮血就像酒精，就像那最濃烈的葡萄酒一樣，長時間下來也是會讓人中毒的；我在這裏甚至不需提及那些戰爭，不管是全面戰爭還是局部戰爭。然而由國家直接殺害的人數已經達到了一種天文數字的比例，且遠遠超過個別謀殺的數字。觸犯普通法的罪犯愈來愈少，政治犯卻愈來愈多。證據就是，現下我們之中的每一個人，不管他多受人尊敬，都可能有一天就被人判了死刑；然而在世紀初，這種可能性都還被看作是荒唐可笑的。Alphonse Karr[64]的那句俏皮話：「各位殺手先生可以開始大顯身手了！」已不再有任何意義。那些造成最多流血的人，剛好也就是相信法律、邏輯與歷史都站在自己那一邊的人。

因此，如果我們的社會要保衛自己，那麼要極力防範的並不是個人的危害，而是國家的危害。再過三十年，對這兩者的防範比例可能就會反過來。但是以目前來說，正當防衛要對付的應該是國家，而且首先就要拿來對付國家。正義與最具現實性的考量都主張，法律應該要保護個人，以對抗因為內鬥或傲慢而陷入瘋狂的國家。「就讓國家開始行動、廢除死刑！」必須成為我們今天的集結口號。

人家說，這些法律非但本身血跡斑斑，還把風俗習慣也抹上了

63　本文寫作之前三十年間（1927-1957），歐洲經歷了西班牙內戰、二次大戰、印度支那戰爭與阿爾及利亞戰爭等殖民地獨立衝突，以及冷戰。

64　Jean-Baptiste Alphonse Karr（1808-1890）是法國批評家與小說家，亦曾擔任《費加洛報》編輯。他反對廢除死刑，為此說過一句反諷式的俏皮話：「如果我們要廢除死刑的話，那麼，各位殺人犯先生可以開始大顯身手了！」

汙血。但一個社會有時也會陷入某種蒙羞的狀態，即便社會當中充斥著諸多亂象，但那裏的風俗習慣絕不可能像法律一樣地血腥。半數的歐洲人正在經歷這種狀態。而我們這些不在其中的法國人，不但也經歷過這些事，現在說不定還要再經歷一次。占領時期[65]的殺戮導致了解放後的殺戮，而後者的朋友們現正企盼著復仇。此外，背負太多罪孽的各國還準備用更大規模的屠殺來淹沒自己的罪惡感。我們為了某個被人神聖化的國族或是階級，就去殺人了。或者我們也會為了某個也被神聖化的未來社會而殺人[66]。相信自己什麼都懂的人，就會想像自己什麼都行。那些要求大家絕對信仰他的俗世偶像，也會堅持不懈地宣判絕對的懲罰。而許多欠缺信念的宗教也大量殺害處於絕望狀態下的犯人。

若不能下定決心用盡方法保衛每個人免於國家的壓迫，這個正處於世紀中葉的歐洲社會又如何能存續下去呢？禁止對一個人施加死刑，就等於是公開表明，社會與國家都不是絕對的價值標準，宣告他們沒有任何理由可以制定終極的刑罰、或是製造無可挽回的後果。如果沒有死刑，Gabriel Péri[67]與Brasillach[68]可能就還在我們身邊。那樣的話，我們就可以依照我們的觀點來評價他

---

65 此處「占領」指的是二次大戰期間，包含巴黎在內的法國北部與西海岸直接由德軍佔領，實施軍事統治。「解放」則是指盟軍反攻，從德軍手中解放法國。

66 此處的「為了國族殺人」，指的是當時殖民地獨立運動所引發的衝突；而「為了階級殺人」指的則是階級革命。「神聖化的未來社會」指的是馬克思理想中各盡其能、各取所需的共產主義社會。

67 Gabriel Péri（1902-1941）是法國共產黨政治人物與記者，曾任眾議員，因從事地下抗戰，被德軍逮捕槍決。

68 Robert Brasillach（1909-1945）是法國右派記者與作家，解放後依通敵罪名遭到處決，戴高樂拒絕給予特赦。

們，並大聲說出我們的判斷，而不是像現在這樣默默承受他們對我們的審判。要是沒有死刑，Rajk[69]的遺體就不會令匈牙利蒙羞，一個罪行較輕的德國也可以更容易被歐洲接納，俄國革命就不會在恥辱中走向垂死，在阿爾及利亞流的血也不會如此令我們良心不安。最後，如果沒有死刑的話，歐洲就不會被二十年來堆積在這片衰竭土地上的屍骸所汙染。在我們這塊歐洲大陸上，無論是在人與人、還是國與國之間，所有的價值觀都被恐懼與憎恨給顛覆了。絞繩與鍘刀被用來解決理念的對抗。如今，已不是人性而自然的社會在行使壓制的權利，而是由意識形態來支配一切、拿活人來獻祭。人們遂可如此寫道[70]，「我們始終可以從斷頭台當中學到的教訓，那就是當我們相信殺人有用的時候，人命就不再神聖了」。顯然殺人已經變得愈來愈有用了，壞榜樣廣為周知，感染力也傳佈四方。隨之而來的，則是虛無主義造成的混亂失序。因此應該要斷然停止這樣做，並宣布無論在原則上還是制度上，個別人類的地位都要高於國家。所有能夠減輕社會對個人壓迫的措施，都有助於消退歐洲的過度充血，使歐洲能夠更有條理地思考、並逐步邁向康復。歐洲的弊病在於明明什麼都不相信，卻又宣稱自己無所不知。但是歐洲並不是無所不知，雖然它應該要知道才對，而且從我們的抗爭與希望看來，歐洲仍然相信某件事，那就是：在某個神秘的範圍內，人類的極端苦難使其可

69　Rajk László（1909-1949）是匈牙利共產黨政治人物，曾參與西班牙內戰以及德國占領期間的地下反抗活動，1945年起曾陸續出任匈牙利內政部長、外交部長，1949年遭誣指為托洛茨基間諜集團成員，被開除黨籍、入獄、並遭到處決。

70　原書註：引自Francart。

以觸及極端的高貴莊嚴。大多數的歐洲人已經失去了信仰；而與信仰一起丟棄的，是信仰賦與刑罰制度的那些正當性。但是，妄想取代信仰的國家偶像崇拜，也令大部分的歐洲人覺得噁心。

如今行至半途，無論有沒有把握，既然已下定決心不要再被人壓迫、也不要再欺壓別人，我們就應該承認自己的希望與無知，拒斥絕對的法律、拒斥無可挽回的體制。我們知道的，足以讓我們說出，何等重大的犯罪便應處以終身強迫勞動。但我們知道的，還不足以讓我們宣判應該要剝奪他的未來，也就是我們共同的彌補機會。在未來的統一歐洲，基於我剛才說過的理由，莊嚴地廢除死刑應該是歐洲法典的第一條條文，這也是我們所有人共同的期望。

從十八世紀的人文田園詩歌[71]到濺血的斬首台之間，是一條筆直的道路，而大家也都知道，今天的劊子手還都是人道主義者。因此，在探討死刑這種問題時，對於人道主義的意識形態，我們再怎麼戒慎小心也不為過。在這個要下結論的時刻，我想再強調一次，我反對死刑的原因並不是我對人類天性的良善有什麼幻想，或是我對未來的黃金年代有什麼信念。相反地，我是基於經過思辨的悲觀主義、邏輯原則、以及現實主義等等理由，才認為廢死是必要的。我的意思並不是說，在這裏所說的都與內心感受無關。如果你剛花了幾個禮拜的時間查閱文獻與回憶錄、訪問曾

---

71 田園詩（英文idyll，法文idylle）原本的字面意義是「短詩」，後成為特定文體的名稱，其特徵為篇幅簡短，題材多描寫鄉村農牧生活的美好，並衍生出純愛、天真、善感乃至濫情等含義。

經或遠或近接觸過斷頭台的人，在一一檢視這些嚇人場面之後，你的看法不可能無動於衷。但是即使如此，我還是要一再強調，我並不相信這個世界上沒有人要負責，也不相信我們應該聽從那種新派的時髦傾向，也就是赦免所有人，不分被害人與殺人兇手通通混為一談。這種純屬濫情的混淆，與其說是出於寬容還不如說是因為怯懦，最後的結果就是替世上最醜陋的事擦脂抹粉。濫發祝福的結果就是，他們連奴隸營、怯懦的力量、有組織的劊子手、以及巨型政治怪物的犬儒主義也都一併祝福了；最後終於把自己的手足同胞也送入了虎口。在我們四周都看得到這種現象。但正是在當前的世界形勢之下，本世紀的人才會要求制訂這些能夠發揮療癒作用的法令規章，其作用終究是規範人類而不是消滅人類、是引導人類而不是摧毀人類。身處在停不下來的歷史動力當中，人類需要的是運行的原理、與一些平衡的法則。總之，人類需要的是一個理性的社會，而不是一個大家都陷入自己的傲慢、使國家權力肆意氾濫的無序社會。

我堅信，廢除死刑可以幫助我們朝這樣的社會邁進。在採取了這個做法之後，法國就可以推廣到鐵幕兩側尚未廢除死刑的其他國家。但法國必須先成為表率。往後將以強制勞動取代死刑，那些被認定無藥可救的罪犯要終身服刑，其他人則會給予一個刑期。對於那些認為終身強迫勞動比死刑更嚴苛的人，我們驚訝於他們竟然沒有提議給Landru[72]判處終身勞動、給次一級的罪犯判

72　Henri Désiré Landru（1869-1922）是法國史上惡名昭彰的連續殺人犯，於1915至1919年間在巴黎地區殺害11人，被捕後供認不諱，三個月後在凡爾賽被送上斷頭台，有真實版「藍鬍子」之稱。

死刑。我們也要提醒他們，終身強迫勞動至少還給了罪犯一個選擇死去的機會，但是踏上斷頭台就只能一去不回了。相對地，對於那些認為終身強迫勞動這種刑罰太過輕鬆的人，首先我們要說，他們的想像力太貧乏了，其次要說的就是，如果剝奪自由在他們看來像是種輕鬆的懲罰，必定是因為當代的社會教導我們，要瞧不起自由[73]。

雖然該隱沒有被殺，但他卻在全人類的眼中留下一個代表受罰的記號，這才是我們應該從舊約學到的教訓，福音書就不用說了；但尤其不要用摩西律法的殘忍例子來啟發我們。總而言之，就算我們的國會還無法用永久廢除死刑這種文明的崇高舉措來彌補他們對於酒精法案的表決，那麼也沒什麼理由可以阻止我國進行一場一定時間內的有限實驗（例如十年）。法令若只知道消滅那些它不知該如何教化的人，這就是種怠惰的法令，如果民間輿論和民意代表真的無法放棄這種法令，至少在等待重生與真理來臨的時候，我們也不要造成這種「儀式性的屠宰」[74]，使其玷汙我們的社會。雖然執行死刑的頻率很低，但它終究是種令人反感的屠殺，也是對人格與人體所施加的凌辱。活生生的人頭被砍下來、鮮血橫流，這種砍頭場面始自野蠻時代，當時大家相信這種

73　原書註：亦可參見Dupont議員於1791年5月31日向國民議會提交的關於死刑的報告：「一種尖銳而焦灼的情緒完全吞噬了他（殺手）；他最懼怕的，是靜下來的時候；在這個狀態下他得單獨面對自己，也就是為了逃離這種狀態，才讓他一直敢於冒死，並且害死別人；孤單以及自己的良知，對他才是真正的折磨。如此我們不就明白了，你們應該加諸他哪一種刑罰，才會讓他害怕嗎？*難道不該針對疾病的本質來開立有療效的處方嗎？*」末句強調為作者所加。

74　原書註：引自Tarde。

墮落的場面可以讓民眾怵目驚心。可是到今天，還用鬼鬼祟祟的方式實行這種噁心的死亡，這種酷刑還有什麼意義呢？真相是，都已經進入核能時代了，我們卻還在用桿秤時代的方法殺人。一個擁有正常情感的人，一想到野蠻地摘除別人腦袋這件事，就只會感到噁心而已。如果法國政府在此仍無法克服自己內部的阻礙，並且為歐洲對症下藥，至少法國也可以改革死刑的實施方式。科學知識都已經為殺戮服務這麼多了，至少也能用來讓殺人過程更體面一點。有一種麻醉藥可以讓犯人在睡夢中死亡，我們可以給犯人至少一天的時間讓他自由取用，除非犯人沒有意願或無力下定決心，才用別種方式強制執行，以確保犯人伏法，如果我們堅持要這樣做的話，但這至少還能帶來一點體面，總好過現在那種純然骯髒而猥瑣的展示。

　我之所以提出這些妥協的辦法，是因為有時會看到，智慧跟真正的文明並不能啟發要為未來負責的人，而這令人絕望。對某些人來說，知道死刑實際上是什麼樣子卻又無法阻止它的執行，這種事是難以忍受的，而這樣的人比我們以為的還要多。他們用另一種方法在承受死刑所造成的痛苦，而這是毫無公理正義可言的。我們至少可以減輕這些髒汙畫面對他們所形成的負擔，而社會並不會因此而有所損失。但這終究是不夠的。無論在各個社會的道德觀念當中、還是每個人的心中，如果我們未來還是不能讓死亡從法律中消失，那麼就無法獲得真正持久的平靜。

張寧：
考論死刑

考論死刑

死刑作為國家權力的重要組成部分，在各國很早就有文字或圖像的記載，但被當作問題而為思想者與研究者所關注，並從現代國家機器中被剔除則相當晚近。從死刑粉墨登場到它在部分現代國家中的壽終正寢，人類社會走過了怎樣一段死刑政治文化實踐與思想之路，對它作一個初步的盤點，不會無益於思考人類現實與未來的整體處境。因為死刑涉及的問題不僅僅限於司法範疇，也關涉人及其社會存在的預設原則與制度設置，它幾乎牽涉到政治學、哲學、人類學、社會學與宗教學研究的諸多領域。套用海德格爾（Martin Heidegger）研究「技術」時的說法[1]，死刑與死刑的本質不是一回事。也就是說決定死刑存在的條件與原則不是死刑本身。研究死刑就是試圖重建死刑制度賴以存在的那些可能條件。本文擬就筆者研究的有限範疇討論一些與死刑相關的論題並提供一些思考的可能。

死刑概念及其源頭說

依據刑法學的定義，死刑，是國家為了維護統治而對犯罪者所採取的剝奪生命之刑罰。但「區別死刑與謀殺及其他形式的死亡，如殺害、處死之原則是什麼」[2]，卻不在這個概念的顯見表

＊「考論死刑」，2011年11月修訂。初版刊載於中國的《年度學術》（2004）

1　「技術與技術的本質並非一回事。當我們尋求樹木的本質時，應當知道使樹木成為樹木的那些東西本身不是樹木中的一棵。」M. Heidegger,《La Question de la technique》, *Essais et Conférences*, traduit de l'Allemand par André Préau, Paris, Gallimard, 1954, p. 9.

2　德里達，「全球化與死刑」，香港中文大學演講，2001年9月17日，見張寧，「雅克德里達的中國之行」，趙汀陽主編，《論證》，桂林，廣西師範大學出版社，2003，頁50。

述之中。這是個政治哲學的問題。

> 死刑是由國家主權決定的一種死亡形式，有時是
> 由類似國家主權的權力決定的，沒有這種類似國
> 家主權的東西就沒有死刑，所以，死刑是國家形
> 態下的制度性的合法謀殺，因此，死刑的存在有
> 公開之必要性。[3]

　　德里達（Jacques Derrida）的這段話指出了死刑的三種本質性特徵：第一，死刑與一種絕對權力相關，是絕對權力的一種表現形態；第二，死刑是一種合法的制度，所以就是一種正當的謀殺；第三，由於它的前兩種特徵，死刑具有公之於眾的必要性。然而，死刑的這些現實是建立在怎樣一種預設之上的呢？或者說它們的深層邏輯又是什麼呢？人類學、歷史學與政治哲學對初級人類社會的研究與分析，多少對死刑的預設原則提供了一些思考資源。

　　人類學家們曾對世界各地現存的初民社會組織作過大量的田野工作，對這些社會組織中的法律形態進行過認真的討論。他們發現在那些政治組織形態很初始的社群中，作為法律要素的社會強制力，就可區分成用於公罪（délits publics）與私罪（délits privés）兩種合法懲治範疇。公罪，是指那些危害社群整體的道

3　同上。

德、財富、情感利益的違規行為，如亂倫禁忌、巫術、褻瀆神靈、違背習慣法屢教不改、不服從首領；而只侵犯到社群個別成員的犯罪，如強姦通姦、打架鬥毆、殺人傷人、欠債不還、偷摸則屬私罪。公罪的懲罰原則旨在通過懲罰來淨化社會，恢復與彌合由犯罪造成的社會整體心靈與道德的傷害，重在象徵秩序的修復，包括信仰與政治層面；而私罪的懲罰重點多以彌補受害者為主，旨在彌補人際關係失序所引起的社會不安，當然有些私罪如殺人、偷盜多兼涉兩種懲罰原則。可見，在初民社會中與信仰相關的公罪同現代社會相比，較為普遍。因此，我們也可作如下推測：懲罰權有相當一部分原因植根於宗教領域。但是，由於不同的社會有不同的懲罰重心，我們依然無法從這兩種劃分中得出什麼是死罪的一般原則：有的社會將亂倫罪與弒父視為死有餘辜，而菲律賓呂宋島北部的伊富高人（les Ifugao）卻既不懲罰兄妹亂倫，也不懲罰殺父弒子的行為；有的社會將巫術視為公罪範疇的死罪，而伊富高人則將之劃為私罪範疇的死罪，由父母處死從事巫術者[4]；有的社會使用處死作為最高的懲罰手段，有的未必採取這一極端方式，北美平原的切依因納人（the Cheyenne）就是一個範例。因為相信殺人會玷污部落的魂靈，導致整體部落遭厄運（如交戰失利、出獵無獲），他們禁止殺人、仇殺，也禁止死刑。殺人的不祥直接反映在殺人者身上：他的內臟腐爛，發出惡臭，致使獵物逃避。因此一旦發生殺人情況，部落議事會就要舉

---

4 Radcliffe-Brown,《Le droit primitif》（原始法）, in *Structure et fonction dans la société primitive*（《初民社會的結構與功能》）, Paris, Editions de Minuit, 1968, pp. 317-326.

行聖箭更新儀式以洗滌罪孽（因為有殺人事件，聖箭就會神秘出血），同時將殺人者趕出部落，流放出去，至少五年後，才會考慮重新接納流放者回歸部落[5]。可見，不同的信仰可以有不同的選擇，也就有不同的社會懲罰結構及形態。但有一點可以肯定，那就是在所有採取以處死為極端懲罰方式的初民社會中，死罪都涉及的是對社會全體成員生存構成危害的那些信仰中的「反社會」行為，特別是觸犯到神靈的宗教罪孽[6]。另一點是懲罰的裁判者一般由首領或年長者──即有一定權威者擔任。[7]

在初民的社會形態中，往往可以觀察到兩種涉及公罪範疇的處死方式，一種是懲罰性的，一種是祭獻性的[8]。雖然，前者不同於祭獻中的抵罪型犧牲（expiatory sacrifices）[9]，因為它的除罪淨化作用的實現是要直接除掉罪之載體本身，而在祭獻性處死中，

5　E. Adamson Hoebel and Karl Llewellyn, *The Cheyenne Way*（《切依因納人的方式》）, Norman, University of Oklahoma Press, 1941. Adamson Hoebel, *The Law of Primitive Man-A Study in Comparative Legal Dynamics*, Harvard University Press, 1954. 漢譯見周勇譯〈初民的法律──法的動態比較研究〉, 北京，中國社會科學出版社，1993。

6　Robert Hertz, Note of《The Religious Element in Penal Law among Polynesians》（波利尼西亞人刑法中的宗教因素）, in *Sin and Expiation in Primitive Societies*（《初民社會中的罪與贖罪》）, Translated and edited by Robert Parkin, Occasional papers, no.2, Oxford, British Centre for Durkheimian Studies, 1994, p.114。

7　同上。

8　在筆者所掌握的材料中，對祭獻性犧牲的研究量大而系統，而關於懲罰性處死的專門研究不多，多是間接涉及。

9　犧牲祭祀可分為抵罪形（*Sühnopfer*）、感恩形（*Dankopfer*）與祈求形（*Bittopfer*），也可分為常規形與偶然形。見《Definition and Unity of the Sacrificial System》（犧牲制度的定義與單體）, in Heri Hubert and Marcel Mauss, *Sacrifice: Its Nature and Function*, trans.by W. D. Halls, Chicago, The University of Chicago Press, 1981, pp.14-16.

犧牲者本身應當是潔淨的，而且常常由其他犧牲品代替，比如動物。宰殺動物的祭獻過程體現的是借助神力，在象徵的層面上，除去惡源以求淨化，使有罪者借助犧牲品的犧牲過程抵罪。但在功能上，懲罰性處死與祭獻性處死並非沒有共性，它們都具有除惡淨化功能。懲罰性處死，是將犯罪者從社會中徹底消滅掉，以重建社會良性共存關係，而祭獻犧牲重在重建與維繫象徵秩序，消除道德精神性的罪惡以求形而上層次的淨化。從宗教角度看，疾病、死亡、犯罪是同構的[10]：一方面，它們都體現為一種缺失，一種對完美與理想境界的背離，而懲罰則是對這種缺失的彌補；另一方面，宗教罪人與社會罪犯在某種意義上跟犧牲品一樣，也具有一種不可觸犯性[11]。

　　人類學家在初民社會中發現的死罪及其處罰形態所具有的上述宗教特徵，在歷史學家對重要文明形態如中國、印度、古羅馬的早期政治組織、社會構成、宗教信仰的研究中也有相似的印證。其中，史學家們對上古中國「盟」、「誓」儀式與法制關係的研究成果尤其值得重視[12]。法國學者馬伯樂（Henri Maspero,

---

10　同上，頁53。

11　Cf. Rohde, *Psyche*, I,pp.179, 192; S. R. Steinmetz, *Ethnologisch Studien zur ersten Entwicklung der Strafe*, Leiden, 1894, II, pp.35 off.轉引自Henri Hubert and Marcel Mauss, *Sacrifice: its Nature and Function*（《犧牲的本質與功能》），同上，頁53。

12　這裏只提法國漢學家馬伯樂（Henri Maspero）《Le serment dans la procédure judiciaire de la Chine》（*Mélanges chinois et bouddhiques*, l'Institut Belge des Hautes Etudes chinoises, vol. 3, 1934-1935, pp. 257-309）與日本漢學家滋賀秀三「中國上古刑罰考——以盟誓為線索」，劉俊文主編，《日本學者研究中國史論著選譯》卷八，法律制度，北京，中華書局，1992，頁1-30。

1883-194？）[13]與日本學者滋賀秀三（1921-2008）的研究表明，在上古的文獻中，「盟」與「誓」這兩個出現頻率很高的重要政治性辭彙[14]，指的是具有高度法源意義的兩種既相同又有別的儀式：「約信曰誓，涖牲曰盟」[15]。雖然指的都是起誓，二者首先在形式上是相互區別的：「盟」是借助歃血以確保諾言得以信守而進行的咒術儀式，它不僅有自咒特徵而且還有神咒特徵；「誓」則沒有歃血這個儀式，作為「條件性的刑罰」之預告，[16]它一般沒有自咒特徵[17]。其次，它們的區別也體現在二者的預設原則上：「盟」是平等雙方或多方之間的血誓契約，毀約者遭天罰是其基本預設；而「誓」是上級對下級的強制性要求，毀誓者遭刑罰乃是其必要前提。可以說盟毀就意味著戰爭，而誓毀則意味著刑罰之始。當然，「誓」既可用於軍事亦可用於民事。[18]滋賀秀三還指出「盟」與「誓」兩個詞作為動詞並帶特定的人名作為賓語時，意味著立誓與此人絕交。特別是盟字，因為在這種語境下，它具有眾人共同非難某人，一致與之絕交，並將之排除於共同體之外的效果[19]。這與上古的五刑：墨（黥）、劓、刖、宮與大辟的原則是相一致，前四種是以部分毀壞身體的刑罰突顯罪犯以求在社會中孤立之，後一種則乾脆徹底地從肉體

13　馬伯樂作為法蘭西學院的成員，死於納粹集中營。
14　《禮記》，《左傳》，《周禮》，《國語》，《書經》等。
15　《禮記。曲禮》。
16　滋賀秀三，同上，頁2-3。
17　在這一點上，滋賀秀三與馬伯樂的觀點不同，我取後者的說法。參照馬伯樂，同上，頁282。
18　馬伯樂，同上。
19　滋賀秀三，同上，頁5-9。

上剷除犯罪者，它們不僅傳遞了懲罰作為社會棄絕罪惡之方式的訊息[20]，而且還傳達了身體作為必要懲罰場所的思想。死刑，則更是這兩種特質的絕對形態。因此，直到漢代單純死刑直接被稱作「棄市」就在這種邏輯之中了，直到清朝行刑於菜市口的慣例還保存了上古的這種遺風。《禮記／王制》中說，「爵人於朝，與士共之；刑人於市，與眾棄之」，就深刻揭示了死刑預設中這種棄絕於社會的懲罰原則。在小型社會當中或小型社會間關係中發展出來的這種懲罰原則，後來在許多方面發生了重要的轉變，如「進入帝制時代以後，除了與外番締結條約，詛盟作為立法手段的現象在國家法制中便完全消失了。」[21]肉刑的歷史從上古刑罰中的主要形態（春秋時被處刖刑的人很多）經漢文帝廢肉刑，再到雖有反復和例外卻沒有演變為制度化的常刑，也是刑罰原則的深刻演變的例證[22]，可是，我們要瞭解的乃是，死刑的原則是否也發生了如此本質的變化。

在宗教與社會邏輯的上述解釋之外，死刑的發源還有另一種解釋，那就是兵刑同源說。這在盟誓的功能分析中已可窺見，而具體的事例則更具說服力：滋賀秀三在研究了上古文獻中「戮」與

---

20 滋賀秀三深刻地指明，「與死刑一樣，肉刑所追求的目的，在本質上與放逐是相同的。刀斧之痛，傷殘之苦都不是肉刑的主要目的，肉刑的主要意義，在於它加之於肉體毀傷，是社會廢人市民權被終身剝奪的象徵。」同上，頁17。不過，若將宦官與刑人，即刑殘之人，聯繫起來考察，市民權之剝奪之說是否過於簡單化了？因為宮刑之人外觀上並沒有標記。

21 滋賀秀三，同上，頁3。

22 日本學者對此問題有深入細緻的研究，可參照滋賀秀三文章中的注40至注44。另外，筆者認為肉刑研究也許可以與古人對疾病的認識聯繫起來考慮。

「徇」二字所代表的具體死刑事例後認為，「它們原來都是在軍
陣上執行的死刑，即用於處死敵俘或己方違反軍紀者的血祭。也
就是在眾人一致棄絕特定人物的基礎上，作為最直截地表現棄絕
意思的手段，將被棄絕者當場殺戮。」作者並由此發揮道，「在
軍陣上執行死刑是中國死刑最原始的形式，隨著時代的推進，漸
漸地在軍陣以外的地方執行了。」[23]這個推論仿佛是直接將戰爭
看作死刑的來源，即毀盟者既是原始的殺戮對象，也是原初的
「敵人」意象，更何況軍陣上死刑行刑的方式包括了兩種合法殺
戮對象，或者說兩種敵人的原初形態：外敵與內敵；而且，這個
推論還含括了國家作為絕對權力化身所具有的兩種重要功能：擁
有戰爭權與懲罰權的極端形式——合法殺戮與合法處決。

　　死刑的這些原始意義與功能並不能告訴我們它的合法性來源，
但卻能說明一點：死刑的發源點，處在理性與非理性、神力與人
力邊界的灰色地帶上。純理性的索源本身可能是非理性的遊戲。
不過研究死罪範疇，特別是它的變化，肯定多少能幫助我們去認
識死刑原點上的一些構成要素。

死罪範疇之演變

　　死罪的範疇體現的是一個社會的死刑邏輯、它的深層禁忌與恐
懼，而死罪範疇的演變乃是這種禁忌與恐懼的結構性變動指標。

　　絕大多數國家早期使用死刑的情況多有如下特徵：一，死罪的

23　同上，頁10-14。

條目相對繁多，比如，據沈家本對中國歷代有文字可考的死罪數目之統計，周朝殺罪伍佰，漢朝死罪最繁[24]，元朝最少[25]，而與唐律中二百三十三條死罪相比，宋[26]、明[27]、清死罪皆多於唐。二，死刑的使用也相對頻繁、武斷、殘忍，如《史記／殷本記》中記錄商紂王用於鎮壓背叛諸侯所制的炮格之法，不滿比干強諫而剖其心等，反映的就是絕對主權者肆意濫用處死權的暴行，而在古希臘、古羅馬，活埋、擲石刑、支解、從高處推落處死等酷刑也是其死刑的花樣，而且皆伴有血祭特質的盛大折磨受刑人的演出。[28]

　　大致上看，前現代國家中所設的死罪範疇主要可分為政治性的、宗教性的、或一般刑事性的：如犯上（德國的《撒克遜法鑒》（Loi des Saxons, The Lex Saxonum, 785-803）規定犯上者活埋，大革命前的刑罰則處犯上者支解），背叛（封建英國早期可判絞、支解、分屍、焚刑），瀆神罪（法國革命前予以燒死，聖女貞德就是明證，1649年俄國的《會典》（Code russe）亦規定瀆神罪處焚刑），如殺夫、弒父（俄國《會典》規定前者活埋，後者車裂），偷盜（德國的1532年頒佈的《加洛林納法典》（La

---

24　「漢志孝武即位，律令凡三百五十九章，大辟四百九條，千八百八十二事死罪，決事比萬三千四百七十二事，至成帝河平中詔曰，今大辟之刑千有餘條」，沈家本，「死刑之數」，《刑法考》，民國版，卷3，法蘭西學院藏本。

25　「元死刑一百三十五，內凌遲九」，同上。

26　「按宋刑統全用唐律，而當時行用以編敕為准，此編敕大辟之數系在律外者，是死罪已多於唐矣。」同上。

27　「明律死罪二百四十九，又雜犯十三，又問刑條例死罪二十。」同上。

28　Eva Cantarella, *Les peines de mort en Grèce et à Rome*（《古希臘古羅馬的死刑》），traduit de l'italien par Nadine Gallet, Paris, Albin Michel, 2000.

Constitution Criminalis Carolina）規定夜間盜竊者適用絞刑，女子則溺死），另外搶劫、放火、偽造貨幣也都曾經是歐洲各國進入現代之前死罪的共同懲罰對象[29]。鑒於各國死罪範疇秩序不同，輕重等級不同，歷史演變過程不同，這裏我僅想就中國的死罪範疇演變的幾個問題作一個考察。一是常刑中的死罪範疇，二是特刑中的死刑實踐。

　　雖然唐以前的法典，今已無法完全恢復原貌，但中華帝國成文法文化實踐悠久卻是個不爭的事實。其正式的「法律文獻不僅數量多，容易理解，而且其適用時間，比所有現代國家法律的歷史都更長久」。[30]適用時間的這種長久性，可以體現在兩個方面，一是中華法律體系的傳承連貫性貫穿歷朝歷代，包括異族統治的朝代，如元朝、清朝；二是每個朝代律法一旦確立，就有相對的穩定性，變動性多體現在「例」體之上（為方便表述，我們將不同時代以不同稱謂出現的具有一定共性的法律形式暫稱為例體，以別於律體，如唐之條格、宋之編敕及明清之條例等）。這一節中，我想嘗試比照唐以後法典中對死刑的規定範疇，從其一貫性與損益變動中窺視中國死刑文化的一般。因為唐律既是現存體制完備得最早的古代法典，又是中華法系的基石。

　　除名例外，唐律分為十一門：衛禁、職制、廄庫、擅興、賊盜、鬥訟、詐偽、雜律、捕亡、斷獄。根據沈家本的統計，衛

29　參照李雲龍，沈德詠，《死刑論：各國死刑制度比較》，臺北，亞太圖書，1995。

30　Derke Bodde & Clarence Morris，*Law in Imperial China*，Philadelphia，Univ. of Pennsylvania Press, 1973。漢譯見朱勇譯本《中華帝國的法律》，南京，江蘇人民出版社，2003年，頁5。

禁門有死罪共21條，斬罪5條，絞罪16條；職制門死罪10條，斬1條，絞9條；廄庫門死罪1條，屬絞罪；擅興門死罪16條，斬8條，絞6條；賊盜門死罪最多共76條，斬34，絞42；鬥訟門死罪數目次多，共67條，斬25條，絞42條；詐偽門共9條死罪，斬3條，絞6條；雜律門死罪16條，斬5條，絞11條；捕亡門死罪共9條，斬5絞4；斷獄門死罪共7條，斬3絞4。統計斬共89條，絞共142，共計233條。[31]在這個統計中，比較顯見的是死刑的部分主要集中在賊盜與鬥訟兩門，其次在衛禁門與擅興門。而在賊盜門34條斬罪中，謀反、謀叛、抗上有5條，涉及親屬關係特別是直系尊親屬的謀殺、盜殺、造厭魅、造符書害人、殘害屍體等罪名量最大，再則就是強盜殺人；在鬥訟門25條斬罪中，涉及毆打、毆傷致死家庭關係中處於尊位者，也占大多數。

由於《大明律》較之唐律，在體例上發生了重要的變化，我們選作中國死刑變化的參照就有其合理性。《大明律》除了保留唐律體制中的名例不變外，將律按吏戶禮兵刑工六部重新分類為六篇。與唐律在秩序安排上有所不同，唐律將衛禁門排在首位，以皇帝安全為第一戒律，明律以吏律為首，戶律為次，設禮律、工律，並將唐律中賊盜、鬥訟、詐偽、雜律、捕亡、斷獄六門納入刑律當中。可見明王朝以吏治為首，而且手段猶為嚴苛。清代律學家薛允昇出於不便直接針砭當朝法律流弊之故，迂迴地撰《唐明律合編》以褒唐律貶明律，他的見解是，唐律「一準乎禮」，

31　據沈家本的統計，絞刑共為144條，經再計，實為142條。沈家本，「唐死罪總類」，《刑法考》，民國版，法蘭西學院藏本。

奉行「德主刑輔」原則，明律奉行「刑亂國用重典」的思想，倫理法色彩有所淡化，唐律「寬而有制」，明律「頗尚嚴苛」，在用刑上，「大抵事關典禮及風俗教化等事，唐律均較明律為重，賊盜及有關帑項錢糧等事，明律又較唐律為重；唐律繁簡得中，寬嚴俱乎，明律非過於疏略即涉於繁雜」。[32]

儘管他偏唐貶明，但提出的問題卻一針見血，首先明律在禮俗教化道德方面入罪減輕，而對公罪財政方面入罪加重，反映的一方面是明王朝對於社會管理的進一步理性化，另一方面是經濟發展導致的法律許可權範圍的去道德化過程。但在死罪方面，明律又增加了死刑的等級，在《唐律》的斬絞之上加入了一些特種死刑，如凌遲刑[33]（雖然該刑並未在名例中體現，也許是當權者對該刑的常刑化地位有所顧忌，但卻在具體罪名中加入了這一懲罰形態，因此明律常常被認為較唐律苛嚴）。其實，正如沈家本的觀察：「說者多謂明法重，而未考死罪之數實未為多也。」[34]根據沈家本的統計，《大明律》的死罪項目為：

凌遲13，斬決38，絞決13，斬候98，絞候87，共計死罪249，又雜犯斬4，絞9，共計13。又《問刑條例》軍罪為多，其死罪婚姻1，軍政1，關津1，賊盜8，人命2，鬥毆2，訴訟1，詐偽1，雜犯

---

32 懷效鋒，李鳴，「點校說明」，薛允升《唐明律合編》，北京，法律出版社，1999，頁3。
33 名例中只規定了斬絞兩種常規死刑。
34 沈家本，「死刑之數」，同上。

1，捕亡1，斷獄1，共計二十事。[35]

　　另外，明律在死罪分類上也有變化：它一改唐律賊盜門包括殺人與偷盜兩類犯罪而另闢「人命」一門[36]，這既可以理解為「明律以人命至重，特立其目，取唐律而增損焉」[37]，也可理解為明律更嚴於賊盜門，故而分別立目。要深入理解明律的這一變化，恐怕還得做更深入的案例研究，才能體會其立法邏輯與其時代語境。還有一點更值得關注，那就是明代中後期死刑設計上所發生的一些制度變化：首先，以例的形式出現了雜犯死罪與真犯死罪之別，進一步細化了死罪輕重等級：雜犯死罪准徒五年，自行免死；真犯死罪中獲監候者多可以死裏逃生；其次，將真犯死罪再從執行時間的緩急上進而分成監候與立決，使死刑的實際執行增加了更多的制度化限制。這樣一來，死刑的限制制度便成了死刑制度內在的制衡性要件，成為明清兩代死刑制度的重要實踐特質。

　　如果說從常法或普通法死罪範疇的微妙演變，能看到制度在時代中的某些細微轉化的話，從特刑性質的死刑設置，更能察覺各

35　蘇亦工，《明清律典與條例》，北京，中國政法大學出版社，2000。
36　「唐律無人命專門，情重者見於賊盜，情輕者見於鬥訟。鄭氏康成注《虞書》曰：強取為寇，殺人為賊。《左傳》季孫行父曰：毀則為賊，竊賄為盜……而起，故合言之者居多。明另立人命一門，殊屬無謂，審如所云，毆傷未死者應入鬥毆門，毆傷已死者即應入人命門矣，而鬥毆門內言至死者不一而足，何也？且謀殺有服尊長等在人命門，毆死有服尊長等乃在鬥毆門，抑又何也？」薛允升，關於「人命」案，《唐明律合編》，同上，頁468。
37　同上，頁467。

朝各代最為嚴重的社會政治危機及其司法應對的寬猛得失。所謂特刑法是相對於普通法法律效力和所及範圍的不同標準而定的。凡適用於全國任何地方、任何國民、任何事項，相對穩定的法律為普通法。反之，僅適用於特定地方、特定人或特定事項、有時限規定的法律，為特別法。在法律適用上，特別法優於普通法，它有懸置普通法的功能。由於特刑法是個現代西方概念，而中國歷代普通法之外的有特種法律性質的條文名類繁多，二者之間的相互關係也因朝代而異，甚至同一朝代的不同時期也有所變動。因此，我們還需要從具體時代的法律實踐中去著手。蘇亦工對明清律例關係進行過系統梳理，關於其他朝代，我們雖然還缺少像對明清兩代系統研究[38]，但史家的一般共識是，宋有律敕並行之現象[39]，明初有律與大誥並行，中後期有律與條例並行之情[40]，

38　沈家本，「死刑之數」，《刑法考》，民國版，卷3。

39　宋代法律在《宋刑統》不敷應用的情況下，還可由皇帝對於特定的人或事隨時發佈一些一時權宜的「敕」。後由於每朝皇帝都有不少臨時頒佈的「散敕」，日積月累，便不得不加以分類，整理，彙編成冊，經皇帝批准後，重新頒行全國。這種《編敕》在實施過程中具有與律同等的效力。而且它有「隨時損益」的靈活性，較之正式的刑律更有利於適應時勢的變化，故而宋代立法便出現了敕律並行，乃至於「以敕代律」的特殊局面。參見洪丕謨《法苑談往》，上海，上海書局，1991年，頁90-93。

40　明嘉靖二十九年（1550年），顧應祥等上題奏，建議《重修問刑條例》中所言反映的應是明朝中後期律與條例並行的情況：「竊惟我國家稽古定律，以詰奸慝而刑暴亂，又以民多法外之奸，律有未該之罪，累朝積有禁例，以輔律之不及。至弘治十三年，該多官會奏《欽定問刑條例》與《大明律》一體，頒佈天下問刑衙門，永為遵守，法紀備矣。」引自洪丕謨《中國古代法律名著提要》，杭州，浙江人民出版社，1999，頁55。

就清代而言，律例合體[41]，兩種互補的法律體制顯得更為密切。如果說敕與大誥是皇帝意志的直接體現，不能直接等同特刑法，那麼條例是否可理解為與普通法並行的特刑法呢？或者說它們在功能上都相當於特刑法？筆者傾向於贊同李貴連教授的見解，將例看作某種形態的特別法。我們為何要糾纏普通法與特別法的區別呢？因為筆者在研究中發現，特別法與死刑的實際關係更為密切。

這裏僅就晚清以來發展起來的「就地正法」為例，探討特刑法中的死刑實踐。

「就地正法」，指將罪犯抓獲審清，在當地立即斬首處決。這種先斬後奏的做法，起於何時尚未有嚴格的史實考證，但作為一種合法制度而遍行全國，它乃「始自咸豐三年（即1853年）。時各省軍興，地方大吏，遇土匪竊發，往往先行正法，然後奏聞。嗣軍務敉平，疆吏樂其便已，相沿不改。」[42]那麼這個制度是怎麼形成的，它有什麼特徵，對司法制度產生了哪些後果？咸豐三年三月十三日，即太平天國起事兩年後，一則皇帝諭旨發佈如下：

前據四川、福建等省奏陳稽匪情形，並陳金綬等

41　從《大清律例》的得名分析，顧名思義，其書就是由「律」和「例」兩個方面組成的。其中的「律」，是子孫世代都要遵守的成法，不便多修改，其中的「例」，則為因時制宜而發，可以隨時制訂頒佈，因此平時執行也就「有例則置其律，例有新者則置其舊者」了。參見洪丕謨《法苑談往》，同上，頁115-118。

42　《清史稿》卷143。

奏遣散廣東各勇沿途騷擾，先後降旨諭令該督撫
等認真拿辦，於訊明後就地正法。並飭地方官及
團練、紳民，如遇此等凶徒，隨時拿獲，格殺勿
論。現當剿辦逆匪之時，各處土匪難保不乘間
糾夥搶劫滋擾。若不嚴行懲辦，何以安戢閭閻。
著各直省督撫，一體飭屬隨時查訪，實力稽拿。
如有土匪嘯聚成群，肆行搶劫，該地方官於捕獲
訊明以後，即行就地正法，以昭炯戒。並飭各屬
團練、紳民合力稽拿，格殺勿論。俾凶頑皆知斂
跡，地方日就又安。至尋常盜案，仍著照例訊
辦，毋枉毋縱。[43]

　　細讀該諭旨，有如下特點：1）就地正法在奏准皇帝前，已經在
數個危機省份先斬後奏地進行了；2）死刑權力由皇帝手中下放到
各省督撫，乃至地方官、紳民、團練；3）死刑程式簡化到極限，
從訊明後就地正法到格殺勿論，中間從司法領域到軍事殺戮幾乎
可以說是界限模糊；4）新的死罪範疇——匪[44]的出現。從嚴格的
法學觀點考察，它具備了特刑法的所有特徵：懸置常法[45]，加大

43　《刑部奏案》，手稿本，北大圖書館藏。引自李貴連「晚清『就地正法』考」，
　　《近代中國法制與法學》，北京，北京大學出版社，2002，頁418。
44　關於匪研究，參見何西亞《中國盜匪問題研究》，上海，太東圖書局，1925。吳
　　惠芳《民初魯豫盜匪之研究1912-1928》，臺北，學生書局，1982；Richard Philip
　　Billingsley, *Bandits in Republican China*, Stanford, Stanford Univ. Pr., 1988.
45　緊急狀態與特別法近來由於反恐危機又重新成為西方法學家們研究的話題。如義大
　　利學者Giorgio Agamben，*Etat d' exception*（《緊急狀態》），Paris，Seuil, 2003。

打擊力度，在規定特殊打擊對象的同時擴大打擊範圍，縮短法定的審理程式，執法者的法律責任度減低，在執法犯法的邊緣地帶上滑動[46]。它所產生的後果，《清史稿》有下述記載：

> 光緒七八年間，御史胡隆洵、陳啟泰等屢以為
> 言。刑部聲請飭下各省，體察情形，仍照舊例解
> 勘，分別題奏。嗣各督撫俱覆稱「地方不靖，礙
> 難規復舊制」。刑部不得已，乃酌量加以限制，
> 如系土匪、馬賊、遊勇、會匪，方准先行正法，
> 尋常強盜，不得濫引。自此章程行，沿及國變，
> 而就地正法之制，訖未之能革。[47]

這些意識到國家生殺大權旁落地方的題奏所呈現的問題，首先是死刑控制權不再屬於皇帝與中央政府，因而易導致統一的國家法制受損，地方官，特別是軍事將領掌握過多的民事司法權力；其次是死罪範疇擴大及死刑的濫用與失控；其三是特刑法替代普通法成為常法。曾國藩所引以為豪的湘鄉一個縣三個月殺了五十

46　參見張寧，《Banditisme et peine de mort en Chine: catégories judiciaires et pratiques d'exception》（「盜匪」與死刑：法律範疇與特刑實踐），*La Chine et la démocratie*（《中國與民主》），sous la direction de Mireille Delmas-Marty et Pierre-Etienne Will, Paris, Fayard, 2007, 195-213。
47　同上。

人的數目，如以全國計，恐怕非同小數。[48]更值得注意的是，死刑擴大化與特刑法的關係此後一直是二十世紀中國司法文化的一個特點。中華民國南京政府時期，頒行了大量的特刑法，其中，以《勘亂時期危害國家緊急治罪條例》、《國家總動員法》、《妨害國家總動員懲罰暫行條例》、《懲治盜匪條例》、《懲治漢奸條例》與死刑適用範疇的擴大關係最大，筆者所研究的檔案材料證明，民國死刑案件中除了傳統的強盜殺人案以外，另外兩類占死刑實際執行比例最大的是盜匪與漢奸案，皆屬特刑法，儘管審判中刑法典的相關條款也同時引用。但應當強調的是儘管如此，這個時期依舊維持了刑法典與特別法在實踐中雙軌並用的平衡，比如，筆者所見到的1928-1949年的死刑犯報表中表明在大多數案件的審判中都援引了刑法與特別法中的條文[49]。這與1949年以後中國大陸以意識形態取代法律而形成的死刑制度形成進一步的對比：直到1979年第一部中華人民共和國刑法典問世之前，毛澤東時代的司法運作都是以特刑法獨大為特徵的。上個世紀八九十年代在中國大陸流行的「嚴打」模式，在司法程式的簡化，死刑終審權的下放，死罪範疇的擴大諸方面依然是毛式司法的延續，最近重慶打黑的模式，顯示了毛時代的政策代替法律，特刑法替代普通法的死灰復燃的跡象。

48　「公館設審案局，訊得不法重情，立予磔死，或加梟示邦人……實則三月以來，僅戮五十人，於古之猛烈者不足比。」《曾文正公全集／書箚》，卷二。引自李貴連，同上，頁419。

49　《司法行政部復核各級法院判處死刑案件表及登記簿》，南京中國第二歷史檔案館，全宗號7，案卷號8849。

死刑的不同形式及社會意義

死刑反正是剝奪一個人的生命，為什麼還要採取不同的死刑行刑方式呢？在現今世界上保留死刑的國家中，死刑的行刑方式依然不是劃一的：埃及對平民用吊刑，在監獄中執行，不向外公佈[50]，軍事犯由行刑隊以槍擊處死；在採取主體法與伊斯蘭法並存的一些現代阿拉伯國家中，犯伊斯蘭法所規定的死罪者，死刑用劍執行，通姦罪採用擊石刑，而且必須公開行刑，並且受害人親屬可以直接參與審判與行刑過程[51]。古希臘在處理殺父母罪犯時也用擊石刑，因為殺父母危害與污染的是整個社會的倫常秩序，而石頭在古希臘信仰中具有淨化功能[52]。伊斯蘭法中的擊石刑傳統恐怕也有類似的信仰根源。摩洛哥的死刑執行一律以隱刑的方式執行槍決。[53]美國各州死刑方式也並不統一。世界有些地方至今還用斬首。但與古代社會相比，死刑種類還是銳減了很多：槍斃與絞刑大概是現今比較普遍通行的行刑方法，有的國家同時兩法並用。中國現行執行死刑法也是槍決與毒針並用。從現

50 N. Hosni,《La peine de mort en droit egyptien et en droit islamique》（埃及法與伊斯蘭法中的死刑），*Revue internationale de Droit pénal*（《國際刑法雜誌》），Association internationale de droit pénal（國際刑法學會），Toulouse, Editions Erès, 1988, 407-419.

51 A. Wazir,《Quelques aspects de la peine de mort en droit pénal islamique》（伊斯蘭法中死刑的幾個方面），*Revue internationale de Droit pénal*，同上，頁421-429。

52 Eva Cantarella, *Les peines de mort en Grèce et à Rome*（《古希臘羅馬的死刑》）,Paris, Albin Michel, 2000，頁75。

53 Le centre des études de sécurité, Arabie Saoudite（沙烏地阿拉伯安全研究中心），《Légalité et commodité de la peine de mort en droit musulman》（伊斯蘭法中死刑的合法性與適用性），同上，頁431-434。

在的這些行刑方式，我們已經看不出選擇不同行刑方式所含有的社會內容，因為除了少數國家還保留舊式行刑法，多數國家追求的是盡量降低受刑人遭受痛苦的程度這一原則[54]，從技術上改善行刑的「人道」形象。所以要瞭解死刑執行方法多樣性的真正的「人性」內涵，也許還得從古代社會著手，從死刑制度的早期形態去考察。

不過，並非所有的死刑設置都有關於其緣由的解釋，有的解釋也缺乏了原始文獻支持。一般來說，同期並存的死刑種類可以多少透露出其等差意義來。從中國古代的情形看，我們至少可以區分出三個層次的死刑等差之別。首先，死刑輕重與屍體完整與否、是否曝屍有關。《周禮／秋官司寇》說：

掌戮，掌斬殺，賊諜而搏之；凡殺親者，焚之；
殺王之親者，辜之；凡殺人者，踣諸市，肆之三
日。[55]

可見，不同的死罪行刑方法有別，叛逆罪用去衣磔屍法[56]，殺有服親屬行刑後用火燒屍，殺王親者，殺後裂其屍，一般殺人者用棄市法。觸及叛逆與王室的罪行，都要碎屍，區別只在叛逆者行刑前露體，殺親者毀屍，又有「焚燒其屍，暴其罪於天下

54　聯合國經濟社會理事會在《保護將被處死者人權的措施》中對此有規定。
55　黃侃手批《白文十三經》，上海，古籍出版社，1983，頁104。
56　林尹，《周禮今注今譯》，北京，書目文獻出版社，1984，頁386。

之解」[57]，而普通殺人罪曝屍，可見死刑的輕重在於屍身是否得以保全。漢朝意在以手足異處之法加重懲罰[58]之腰斬[59]及直到民國才從常刑中隱退的斬刑，都在死無完體的意義上作足文章，以區別死刑之輕重。而清代常見的戮屍銼屍，更是兼支解屍體與曝露屍體而一：《周禮秋官司寇》曰，「戮猶辱也，既斬殺又辱之。」《左傳》中有崔杼、叔魚遭此刑的記錄，《元典章》諸惡表：「殺死親兄，雖在禁死（即死於獄中），戮屍曉眾。」《明律》謀殺祖父母條，有萬曆十六年正月的新題例規定：

> 如有子孫殺祖父母、父母者，巡按御史會審，情真即單詳到院，院寺即行單奏決，單到日，御史即便處決。如有監故在獄者，仍戮其屍。[60]

上述文字至少區別了曝屍意在與眾棄之，焚屍著重於暴其罪於天下，而戮屍強調的是侮辱之意。直至民國還以非法形式出現的梟首之法，在身首分離之外還延長了曝屍的時間以強調罪之大與刑之重。《說文》說：「梟，不孝鳥也。日至捕梟磔之。從鳥，頭在木上。」「磔而懸之於木也，因即謂之為梟者。」[61]作為死

57　桓譚，《新論》，轉引自沈家本《歷代刑法考。刑法分考二》，北京，中華書局，1984，頁98。
58　沈家本，《歷代刑法考：刑法分考三》，同上，頁115-118。
59　《説文解字》：「斬，截也。從車斤。斬，法車裂也。」《釋名》：「斫頭曰斬，斫腰曰腰斬。」
60　轉引自沈家本《歷代刑法考：刑法分考三》，同上，頁127。
61　鈕樹玉《校錄》，轉引自沈家本，同上，頁119。

刑的一種，始於秦漢，用於不孝之罪：漢何休說「不孝者，斬首梟之」。[62]梟首示眾，雖然隋、唐、宋皆不入常法，但它從中國的死刑舞臺上消聲匿跡，還是二十世紀中葉之事。那麼，梟首之法在死刑中處於什麼地位呢？張斐注律表曰：「梟首者惡之長，斬刑者罪之大，棄市者死之下。」《北堂書鈔：晉律注》：「梟斬棄之於市者斬頭也，令上不及天，下不及地也。」《隋志》載梁律中「大罪梟首」，可見，梟首比之斬刑與棄市要重。但比梟首更重的死刑還有特種死刑中的支解與凌遲。陳律襲用梁法，但在梟首之上另加了支解刑，其五刑名，「一曰死重者轘之，其次梟首。」[63]《周禮》中記錄的車轘原系軍刑[64]。綜上所述，屍體完好程度（碎屍萬段，身首分離，手足二處，完屍依次由重至輕），暴屍與否及其方法（梟首，戮屍，棄市依次從重而輕）加上曝屍方位（不著地氣似乎成為對受刑者屍體的更重一層的懲罰）。死刑這種等級劃分直到清末還是中國法的基礎之一，難怪清代大律學家沈家本，儘管有效推動了極端死刑，如凌遲、戮屍、梟首的廢除，卻在接納日本法律顧問岡田朝太郎建議劃一死刑執行方式之前，為傳統中國的等級化的死刑制度辯護，認為岡田朝太郎關於死刑應統一為一的「論理」，「未足折服學者之心」，因為「斬絞既有身首殊，不殊不分，其死狀之感情，實非毫無區別，略分輕重，與他事之迷信不同，遽斥謂非正當之理

62　何休注《公羊文十六年傳》，轉引自沈家本，同上，頁121。
63　轉引自沈家本，同上，頁123。
64　沈家本《歷代刑法考．刑法分考三》，同上，頁130。

由，未可為定論也……然則以死刑為無輕重者，於事未得其實，而死刑不可再分輕重，其理故大可嚴求矣。」[65]值得慶幸的是，清末司法改革還是成功地劃一了死刑。

其次，死刑採取明刑或隱刑也使之輕重榮辱等次有別。孔穎達《禮記正義》認為「刑人於市，與眾棄之，亦謂殷法，謂貴賤皆刑於市。周則有爵者刑於甸師氏。」[66]由於上古史料稀少，殷朝執行死刑的方式與場所是否一律為明刑尚無法確定[67]。但周朝的記錄卻相對詳實：《周禮／秋官司寇》：「凡殺人者，踣諸市，肆之三日。刑盜於市，凡罪之麗於法者，亦如之。唯王之同族與有爵者，殺之於甸師氏，凡軍旅，田役，斬殺刑戮亦如之。」[68]平民若殺了人，其死刑需在鬧市中執刑，並需陳屍三日，犯盜賊罪惡極大者亦然，但王族族人與官宦，則交甸師氏私下行刑。《禮記／王制篇》記：爵人於朝，與士共之；刑人於市，與眾棄之。可見周朝在行刑方式的公開與私下上已區別榮辱貴賤，採明刑隱刑並存之制。唐六典「凡決大辟罪皆於市，五品以上犯非惡逆以上（罪者），聽自自盡於家……」[69]明隱之別形成制度的事實至少可以落實於唐。如果說明刑之要義為「與眾棄之」，那麼

65　沈家本「死刑惟一説」，《寄簃文存》，北京，修訂法律館印刷，宣統元年版，頁17。

66　卷12，頁7。

67　臣煥武「明刑與隱刑——沈家本考論執行死刑的方式及其場所」，張晉藩、朱勇主編《中國法律的傳統與現代化——93中國法律史國際研討會論文集》，北京，中國民主法制出版社，1996，頁76-104。

68　黃侃手批《白文十三經》，同上。頁104。

69　轉引自沈家本，「行刑之制」，同上。

隱刑又為何呢？《禮記／文王世子篇》曰：刑於隱者，不與國人慮兄弟也[70]。沈家本解為「不忍與眾棄之也[71]」。今人王夢鷗進一步解釋為「不使國人聯想到殘殺兄弟」[72]，使隱刑的意思更為明晰一些，也許可以推測王室與有功於王室者為「兄弟」，有死罪不可公開執行，以免犯殺戮「兄弟」這一周禮之忌，這與「公族無宮刑，不剪其類」[73]有同樣的考量。根據臣煥武的研究，春秋時期明刑與隱刑共存，而戰國與秦漢只有明刑，此後從魏晉南北朝、隋、唐、宋、到明、清都以明隱刑共存，官及幾品，是否皇族，罪輕罪重都是衡量標準，明清兩朝對合於「八議」（議親、議故、議功、議賢、議能、議勤、議貴、議賓）而依律合受死者的行刑方式由皇帝決定，他人「不敢正言絞斬」。[74]

　　明隱共存、以明為主的死刑執行制延續到光緒三十三年，這一年八月二十六日，修訂法律大臣刑部右侍郎沈家本，奏請將執行死刑場所由「市曹」改為「特定之行刑場所密行之。次年，更奏准：行刑向在市曹，現在改用密行之制，應即改為行刑場。」[75]經過沈家本的努力，修訂後的《大清刑律》第二十八條規定：死刑於獄內執行。民國的所有刑法都援用此例。沈家本論及他推動此項改革的動機時說：

70　黃侃手批《白文十三經》，同上，《禮記》，頁77。
71　「行刑之制」，《刑法考》，卷3，民國版，法蘭西學院藏本。
72　《禮記今注今譯》頁284-285，轉引自臣煥武，同上，頁79。
73　《禮記／文王世子》，同上，頁77。
74　《明律》：應議者犯罪條。
75　沈家本《大清現行刑律案語／斷獄下》，頁29。

「竊維『明刑弼教』，貴有以通起意，而不徒襲
其名。其與斯民心性相關者，尤在杜其殘忍之
端，而道之於仁愛之路。考古者，『刑人於市，
與眾棄之』。推原其意，誠以犯法者多不肖之
人，為眾所共惡，故其戮之也，亦必公之於眾。
孟子所謂『國人殺之』，其意正同。迨相沿日
久，遂謂此乃示眾以威，俾之怵目而警心，殊未
得眾棄之本旨。且稔惡之徒潛不畏死，刀鋸斧
鉞，視為故常；甚至臨市之時，漫罵高歌，意態
自若，轉使莠民感於氣類，愈長其兇暴之風，常
人習於見聞，亦漸流為慘刻之行。此非獨法久生
玩，威瀆不行，實與斯民心性相關，有妨於教育
者也。」[76]

　　他的論證要點主要針對的是明刑的「與眾棄之」所導致的國民
殘忍之風，而非明隱刑的貴賤之別的本意或古意。這也可用作死
刑觀念的演變之明證。

　　再則，死刑與性別有關。犯罪、懲罰與性別的關係如何，如今
成為性別政治學研究的議題之一。女性犯罪與其相關的懲罰文
化，女性犯死罪與處決女犯的行刑方式，是既有聯繫又有區別的
兩個方面。這裏我們只討論後者以彰顯前者。義大利學者康塔蕊

76　沈家本「變通行刑舊制議」，《寄簃文存》，卷1，頁37-38。

拉（Eva Cantarella）在研究古希臘羅馬的死刑專著中專闢一章討論古希臘「女性之處死」。她的研究顯示，當時婦女所犯的死罪分為私罪與公罪，所謂私罪，指的是良家婦女所犯的有損家族榮譽的罪行，如通姦不忠，使用的處死方式主要有兩種：吊死與活埋，執行者由家族中的父兄、丈夫與兒子承擔，也就是說由家人私下處決；但妓女（一般是在城邦中無親戚關係的外來人）與男性公民間的性行為不受法律追究，除非她犯了公罪，書中舉了一個例子。美貌絕倫的名妓菲拉涅（Phryne）因在海邊裸浴而被指控褻瀆城邦宗教，由於她的辯護者在法庭上讓她展示其裸體以證明對她的指控屬於莫須有，而使之免於一死。此外，書中還給出另外一個婦女犯公罪的例子：女祭司寧諾姒（Ninos）被指控引入外來教，並用魔法進行此儀式而犯了大逆不道及不敬教罪。但如何處死犯公罪的這些婦女，原始文獻的緘默使之不可考。另一個例子提及女奴被判毒死主人罪，而被施以車輪刑處死，這種刑罰當時只用於奴隸。還有一個例子涉及犯死罪的懷孕婦女，文獻中只提到產後再行刑，因而無法考察其落實情況。這些線索涉及好幾個問題，一是婦女的法律地位：良家婦女、妓女與女奴屬於三個不同的範疇，從公民權角度看，婦女沒有獨立的權利，但從受懲罰的角度討論公民權會有另外一種矛盾現象，彷彿是良家婦女屬於私領域，屬於男性公民的私有財產，因而犯罪不屬於國家

司法管理許可權，而妓女、祭司、女奴犯罪反而因其公開審判與
公開行刑而辨證地獲得一種因損害公民權而得的「法律」地位。
我們後面討論康德關於死刑與公民權時還要討論此問題。當然，
這種論點也許根本不是古代社會的問題意識。

　　一項對乾隆元年1736到1903年22000個來自直隸、奉天、江
蘇、四川的命盜斬絞重案的分類分析表明，女犯占犯罪人數的
2%（492人），而女受害人則占受害人總數的11%（2427人）；
女犯所殺對象幾乎全是男性（492人中有477人），而且絕大多數
殺的是親夫（477個個案中占323個）。男性殺親屬只占男性殺人
案的17%，而女性殺人有90%殺的是親屬。對1738-1740年兩性死
刑案件的分析結論是女性犯罪多為有預謀情殺，男性犯罪多因財
產糾紛而起，多數沒有預謀，情急所致[77]。但這項研究沒有提及
行刑情況。

　　臣煥武對前人的研究總結指出中國歷史上只有春秋、唐朝和宋
朝對女性罪犯的處決採用隱刑[78]。《左傳》[襄公十九年]錄：婦
人無刑（沈家本注：無黥、刖之刑）。雖有刑，不在朝市（沈
注：謂犯死刑者，猶不暴屍）[79]。《唐六典》規定：「凡決大辟
罪皆於市。五品以上，犯非惡逆以上，聽自盡於家。七品以上，
及皇族。若婦人犯罪，非斬首者，皆絞於隱處。」[80]宋代《慶元

77　James Lee ,《Homicide et peine capitale en Chine à la fin de l'empire： analyse
　　statistique préliminaire des données》（晚清中國的殺人案與死刑：資料的初步分
　　析），*Etudes chinoise*（《漢學研究》），vol. X, no. 1-2, 1991, pp. 113-134.
78　臣煥武，同上。
79　沈家本「行刑之制」，同上。
80　《唐六典》卷6，頁10。

條法事類》「行決」規定：諸大辟皆於市……若婦人及將校節級，綱運兵級，各不在令眾之限[81]。這些文獻表明，死刑行刑在此三朝代中有性別之分，但卻沒有說明理由。也許這與當時的女性身體的文化敘述有關。但為什麼這種性別區分並沒有成為中國死刑制度的主流呢？筆者所看到的清朝檔案中顯示，因姦謀殺親夫的婦女在有清一代是公開被處以凌遲刑的，這種變化的原由值得進一步研究。

死刑審判程序：特點與比較

死刑的審判程序頗能反映一個國家死刑制度的文化理念、個體生命與國家權力在司法領域中的相互關係。本節我想透過對三種不同的死刑審理制度的描述，嘗試揭示死刑審理程序所體現的內涵。這三種制度各有其代表性，分別是伊斯蘭法審判程序，中國清代的死刑審判制度和印度現代制度。

一、**伊斯蘭法**：阿拉伯國家與一些伊斯蘭國家直到十九世紀末二十世紀初所奉行的伊斯蘭法，曾經受到奧圖曼帝國帶來的歐洲主體法系的影響，比如1840年《奧圖曼法典》頒佈後，黎巴嫩、敘利亞、伊拉克、巴勒斯坦紛紛採納了此法[82]。沙烏地阿拉伯王國和阿拉伯葉門共和國至今只採納伊斯蘭法。而一些頒行了現代主體法的伊斯蘭國家又先後恢復了伊斯蘭法：利比亞於1972年，

---

81 臣煥武，同上。

82 M. Moustafa，《Principes de droit pénal des pays arabes》（阿拉伯國家的刑法原則），*Les grands systèmes de droit pénal contemporain*（《當代重要刑法制度》），T.V. éd. L.G.D.J., Paris 1973, no.5, 頁5。

蘇丹於1983年先後頒佈了依據伊斯蘭法擬訂的刑法[83]。

伊斯蘭法的罪與罰分為三個類別：1）原教罪（Hodoud），指的是違背《可蘭經》及先知規禁的犯罪，包括強盜、背教、通姦、酗酒、誹謗已婚者、有婚外性行為及偷盜；2）侵害人身罪（Quissas），包括殺人與傷人罪，這種罪行以同罪法加以治罪，也可用金錢贖罪；3）構成其他犯罪主要內容的是一般犯罪（Ta'azir），包括放高利貸、背信、罵人、貪污等。死刑審理程式包括指控、審判與執行三個環節。死罪可能涉及上述三種類型的任何一種或數種。在第一種類型中可判死刑的罪名有通姦（如犯罪者已婚）、強盜殺人、叛教達到一定程度[84]。第二種類型中可判死刑的罪名是故意殺人，事實上，不管有無可減輕罪名的情節，任何殺人罪依據伊斯蘭法都可判死刑，除非殺人未遂。在此兩類外的死罪由立法當局另行規定。

預審權：伊斯蘭法沒有設置預審機置，法官可直接處理任何案件的預審事項。

起訴權：起訴系統規定任何個體，無論是直接受害人或別的公民都可以進行起訴，但刑事處罰權則因不同性質的犯罪而異。受害人有權提起刑事訴訟。只有在涉及第一類犯罪時，非受害人也可進行起訴。第二類犯罪，因受害人已死，故他人提起訴訟成為

83　A. Wazir,《Quelques aspects de la peine de mort en droit pénal islamique》（伊斯蘭法中死刑的幾個方面），*Revue internationale de droit pénal: la peine de mort*（《國際刑法學雜誌》死刑專號），Association internationale de droit pénal, Toulouse, Editions Erès, 1988, 頁421-429。

84　Abdel Kader Auda,《La législation pénale islamique et le droit positif》（伊斯蘭的刑事立法與主體法），*Etude comparée*（《比較研究》），*T.I.,* 1985, no. 50, 頁78。

必然。第三種類型的犯罪如涉及公罪，任何人可提起訴訟，如涉及個人，則需當事人本身提起訴訟。

法官許可權：在涉及第一類犯罪時，法官沒有任何自由裁定權（pouvoir discrétionnaire），只要罪證確鑿，就按規定執行，沒有任何減免與緩刑寬宥的餘地。在第二類死罪審理中，法官也只是充當實施既定刑罰的執行角色，無主體法所規定自由裁定權，即根據情節輕重進行判決；只有在第三種類型的審理中，法官才享有充分的自由裁定權。

認罪的決定性：在定罪過程中，審訊被告、人證物證與犯罪推定是基本要素，但最為重要的因素是認罪供詞，有罪性可以由供詞單獨確定。不過涉及通姦罪時，證人最為重要，必須有四個證人出場作證；原教罪與侵害人身罪中的其他罪行的確認，則需兩個證人，而一般犯罪的確認，有一個證人就足夠了。

判決：原則上，判決書由一位法官起草，但也允許組成一個審判團。在後一種情況下，死刑判決必須由審判團一致通過才可成立。但涉及背教的死罪時則有一個特殊的程序，給予背教者一定的時限悔過以獲得罪行之減免。一般情況下，死刑的上訴可能性不大。比如埃及的死刑判決必須由重罪法庭終審通過，但那並不意味著一種上訴方式。

死刑之執行：依照伊斯蘭法，死刑用劍執行，其他便捷的方法也可接受。通姦罪必須用石頭處死。而且必須公開執行以泄公憤。死刑的執行由法定的刑事執行當局負責，在第二類死罪的死刑執行中，受害者家庭的一個成員在執行當局的監督下對受刑人

執行死刑。不過，這種由受害人家屬行刑的趨勢有改變的跡象。

終止行刑：終止死刑的執行可以是暫時的，也可以是永遠的。懷孕婦女的死刑執行延至哺乳期之後；兩種情形的死罪可以永遠終止死刑的執行：一是犯強盜罪者如果悔過，二是犯第一種類型的死罪者翻供。

赦免與寬宥：涉及第一種類的死罪，無論是國家首腦還是受害者家庭都無權赦免與寬宥；涉及第二種死罪，受害人家庭有權寬宥犯罪者，而國家首腦無權赦免之；只有在涉及第三種死罪時，國家首腦才能在不侵害受害人權益的情況下赦免或寬宥犯罪者。

死刑時限：前兩種類型的死刑追究是無時限的，而後一種是有時限的。

綜上所述，伊斯蘭法的死刑原則有下述特點：一、保留著明顯的宗教因素與神判特點。法律不完全屬於人類決定的事務，它部分屬於神的管轄範疇。這尤其體現在第一種類死罪中，人類幾乎無權判斷與決定這些由人類自身所犯的「罪行」。法官只有被動地執行神規定的禁忌之義務，沒有理性審判的能力與主觀能動性；二、私法性質突出。尤其在第二類死罪審判中，受害者親屬可直接介入判決、執行與寬宥的全部過程，而國家司法權力只部分介入，個體在司法中有相當的權利，但個體復仇有可能成為社會公正的基礎。

二、清朝的死刑審判制度：中國帝制時代，特別是清代的死刑審理制度如今已廣為人知，許多西方專著中都有詳細描述[85]，這裏只作一概述以便比照其他的死刑審判制度。

審判程式：清代的死刑案件自下而上的立案審理判決執行過程是：案發州、縣負責偵查，然後經府上報至省，由省一級專門執掌司法的按察使受理，同時案件中的被告及證人也須押解到省城；按察使提出對案件的處理意見，報經總督或巡撫批准，隨即由後者向刑部轉報，刑部再審後作出復審判決，再報「三法司」作最終判決，後者再上呈皇帝，由皇帝本人批准從而使死刑判決正式生效。最終判決再由刑部自上而下逐級下達到原案發州縣，犯人在事發原州縣由知縣與當地文武官員共同監督執行判決。只有發生在直隸與盛京府所轄的東三省的死刑案件，審理程式有所不同[86]。另外，明清以後，死刑執行的時限還分成了「決不待時」與監候之別，前種情況涉及的主要是十惡不赦之重罪，不分時段執行死刑，如筆者看到的乾隆元年廣東省上報的29個決不待時死刑犯的執行情況如下：乾隆元年是大赦年，這一年入秋審的情實犯人全部停刑，但廣東省的報告表明，這一年決不待時的死刑犯人依然正常執行死刑。這29人中20人處斬立決，7人梟首，2人凌遲處死。執行的時間分別在乾隆元年二月、四月、五月、七

---

85 Derk Bodde and Clanrence Morris, *Law in Imperial China*, Philadelphia ,Univ. of Pennsylvania Press, 1973. M. J. Meijer, 《The Autumn Assizes in Ch'ing Law》（清代法律中的秋審制），*T'oung Pao*, LXX (1984),頁1-17。

86 Derk Bodde and Clanrence Morris, *Law in Imperial China*，朱勇譯，頁91。

月、九月與十月，並不在規定的霜降之後[87]。但而進入「監候」法定程式，即著名的秋審與朝審兩種復審程式的死刑犯人，絕大多數可以**死裏逃生**。

監候或死緩的復審：斬絞監候案件的復審分為秋審與朝審，二者的區別在於前者處理的是各省監候死刑案件的復審，後者則專門處理京城之監候死刑案件的復審。朝審制度始於明天順三年（1459）。這一年皇帝下令，此後每年霜降後，三法司（刑部，大理寺，都察院）同公侯伯等貴族會審死刑案件[88]。到了明末「秋審」一詞開始與朝審並置使用。清帝國建國的順治元年（1644）已有呈交皇帝的奏摺明確提及這兩種制度的區別。秋審也遵循秋冬行刑這一傳統禁忌，只是日期定在夏曆八月上旬的某日。秋審與朝審根據乾隆三十二年（1767年）制定的《比對條款》四十則（後來又不斷增補），對死刑監候案件重新分類處理。緩決、可衿、可疑與情實作為重新分類處理的標準，只有被劃入第四類的死刑監候的一部分死囚，經皇帝親自「予勾」者，才會最終被執行死刑[89]。由於缺乏詳盡的資料，我們無法瞭解最終獲得緩刑與判處死刑的比例。但任刑部要職多年有著豐富實際經驗的沈家本在1907年10月3日一份給皇帝的奏摺中說：「每年

---

87 〈乾隆元年──60年內閣題本刑科其他項專題原三類〉，膠捲76利用片，中國第一歷史檔案館，2/1-7/14882/13/1232。

88 丘漢平編，《歷代刑法志》，長沙，商務，1938年，頁588。

89 Chang Yü-chüan（張玉泉），《The Chinese Judiciary》（中國的司法制度），in *Chinese Social and Political Science Review*（《中國社會與政治科學週刊》），no. 2, 1917, 頁68-88。關於中國死刑監候制度的研究，參看孫家紅，《清代的死刑監候》，北京，社會科學文獻出版社，2007。

被勾決執行的死刑犯人，不足死刑總數的十分之一」[90]，這個數字可以進一步加深這樣一個印象，即中國這套死刑上訴與復審制度雖然有些規則過於煩瑣，實行起來人力成本高，但有很多形式化的因素，是一種傑出的創造[91]。總結起來，這套制度有下述特點：一、皇帝有對死刑判決的最後決定權，這種高度集權的死刑審判權避免了各級司法權力機關對處死權的濫用，有其相當的合理因素，但特刑死刑狀況除外；二、身分等級色彩濃厚的八議制所代表的榮辱貴賤觀，有可能造成制度內的官官相護與制度外的草菅人命；三、儒家五倫觀念主宰的十惡重罪；四、天命人命同構的信仰預設與慎刑原則。

三、印度現代死刑審判制度：印度現代刑法典規定的381條罪名中，只有下述數條死罪：1）唆使軍人叛變而且叛變行為成立者；2）向印度國家發起戰爭或試圖或唆使發起戰爭者；3）作偽證或製造偽證使無辜者被處死者；4）謀殺罪成立者；5）判終身監禁者謀殺人；6）唆使兒童或弱智、白癡、吸毒者或精神病人自殺者；7）終身監禁者試圖謀殺而造成傷害者。

印度現行死刑制度最突出的特點是死刑案件的程序法所發生的變化：1973年前，法庭在處理謀殺案時，如不判死刑，必須給出具體理由；而1973年後《新刑法》規定，法庭要具體說明的恰恰相反，即為何非判死刑而其他刑罰不適用[92]。這一條款從兩個

90　梅耶譯本頁194，轉引自Derk Bodde and Clanrence Morris, *Law in Imperial China*, 朱勇譯本，頁104。

91　同上。

92　1974年《刑法》第354條。

方面影響了死刑審判的條件。首先,法庭在死刑判決上所負的責任更大,必須說明為何非判死刑不可。其次,使主權者,即國家元首更容易行使赦免權。也使印度司法界對罪與罰的量刑問題,特別是死刑案件更為敏感,更為謹慎。每年占犯罪率2.4%的2萬件殺人案中,只有非常少的罪犯被判死刑。1983年的一個惡性殺人案使終生監禁成為印度重罪判決的常規而死刑判決則成為例外。一個叫馬奇(Macchi)的,夥同11個同夥殺死了阿馬爾‧辛(Amar Singh)、皮阿羅‧芭(Piaro Bai)兄妹家族分佈在五個村子裏的17口人,包括婦女與兒童,這項集體謀殺案的規模與程度使法官確認了死刑判決,但在向最高法院呈交的判決文件中,法官加了一條意見:在選擇死刑之前,犯罪過程的所有情節需要認真考慮。終生監禁是常規,死刑是例外。在此案審理中,法庭嘗試建立一種少而又少的死刑判決模式,要求在判決中回答兩個問題:一、是什麼超常的環節使終生監禁不合適而非要採用死刑判決不可?二、犯罪情節中是否不存在採用他種懲罰的可能性而非判處死刑不可[93]?上個世紀六十年代以來印度的死刑存廢之爭,雖然沒有使印度最終加入廢除死刑國家的行列,但卻極大地影響了印度現代司法的理念。

上述三種死刑審判制度在程序與原則上差異性相當大。伊斯蘭法是傳統法在現代的沿用,大清法已成為歷史的陳跡,印度現代法則相當接近西方的通行標準。由於各制度賴以維繫的文化觀念

93　N. L. Mitra(米特拉),《Capital Punishment in the Indian Sub-Continent》(印度次大陸的死刑),*Revue internationale de droit pénal*,同上,頁451-473。

不同而對死刑的預設存在很大的差異，如果說純粹客觀的優劣難以定奪的話，那麼對上述制度作主觀的選擇與評價卻不是不可能的。筆者認為在中國尚未決定廢除死刑的情況下，後兩種死刑審判制度無論在程序上還是在理念上都有值得借鑒之處。

死罪與赦免：兼論赦免權與赦免實踐

死刑審理的最終判決有兩種形式：一是判處死刑並執行死刑，二是免於死刑。第二種情形又有兩種可能性：減緩與赦免。減緩屬於死刑制度內的內容，如中國現存的死緩制度，而赦免則超出死刑制度本身，常見的如特赦或大赦。死刑的減緩條件設計在其制度內，而死刑的赦免條件則在其制度外。後者是政治制度的功能，而非司法的功能。許可權不同，意義也就有別。

赦免權與懲罰權是同源的，它們皆屬於絕對主權者及絕對立法者的特殊權利，而且互為條件。不過，康德認為赦免權（*jus aggrtiondi*），包括減免刑罰，卻是主權者（國家，人民及其首腦——君主，國王，總統等）眾多權利中最為特殊和微妙的權利，因為這種權利一方面體現了主權者之偉大，一方面又是他所擁有的這項權利所含的不公正之險的最大來源。臣民之間的互相犯罪，不應當由君王行使他的赦免權，因為免罰在這種情形下是對臣民的最大不公。只有在君主本人受到傷害時，他才可以行使赦免權。可是，即便在此情形之下，赦免也是不可能的，因為傷害君主而免罰，恐怕會引發對人民自身的安全的危害。赦免權是

唯一名副其實的君主權（droit de majesté）。[94]《尚書／大禹謨》中的一段文字可與康德的論述相得益彰：「帝德罔愆，臨下以簡，御眾以寬。罰弗及嗣，賞延於世，宥過無大，刑故無小。罪疑為輕，功疑為重。」[95]這段文字將賞罰權、寬宥權與帝王的統治功能聯繫起來講，並且間接地說明限制這種權力的唯一可能性在於帝德，平衡這些權力的方法在於適中與辨證的判斷功與過，過與罪，罪與罰，罰與刑，刑與宥，宥與赦的關係。可見，在司法領域中體現的這種赦免權本質上是政治領域中的一種特殊權力。

赦免權的具體內容究竟為何？在具體實踐中如何運作？又有哪些特徵呢？不同的法律文化會有不同的實踐版本。這裏，我們且舉古代中國的例子。赦的概念早在《尚書》與《易經》中就有記錄。《周禮》作了司法制度性的設計，春秋時期的諸侯各國都有赦罪實踐，但「大赦天下」之政治性做法則始於秦二世二年（西元前208年），漢高祖在位十二年間，赦宥頻繁，有九次之多。此後，赦就漸漸形成了定制。赦又分大赦（在特定時刻，對於罪犯不論已發未發，已判未判，罪大罪小，罪輕罪重，一概赦免不

---

94 E. Kant（康德），*Métaphisique des moeurs II: Doctrine du droit. Doctrine de la Vertu*（《道德形上學：法原理，美德原理》），traduit par Alain Renaut, Paris, GF-Flammarion, 1994, 頁160。

95 意思是，為君治民要合於中道，德性純善，沒有過失。領導臣下要樸實平易，易於接近，統治民眾要寬容不苛。處罰犯罪者，不連累後嗣，賞賜有功者，則應惠及其後。寬大過失犯罪者，儘管過失很大，也要寬宥。「刑」處故意犯奸者，即便罪行很小，也要給予應得的懲罰。如果所犯罪行還有疑問，罪雖重也應從輕處罰，立功尚有疑問，功雖輕也應重賞。「黃侃手批《白文十三經》，《舜典》同上。

究），曲赦（指在特殊情況下針對局部地區的赦免），特赦（針
對部分罪犯的特殊赦免），郊赦（指皇帝在郊外祭祀天地後所發
佈的大赦），恩赦（皇帝登基或其他重大慶典所頒行的大赦），
常赦（按常例如改年號，冊封皇后，頒佈新律等所作的赦免）
等。[96]那麼，赦的原義為何呢？沈家本《赦考。原赦》開篇解釋
道：

> 《易》解卦彖，《傳》雷雨作解，君子以赦過宥
> 罪。《疏》赦謂放免，過謂誤失。宥謂寬宥，罪
> 謂故犯。過輕則赦，罪重則宥。皆解緩之義也。
> 《程傳》天地解散而成雷雨，故雷雨作而為解
> 也。赦，釋之，宥寬之。過失則赦之可也。罪惡
> 而赦之，則非義也。故寬之而已。君子觀雷雨，
> 解之象。體其發育則施恩仁，體其解散則行寬釋
> 也。[97]

這幾段文獻考證所透露的第一層訊息是，赦宥行為與「雷雨
作」這一自然現象具有同構關係，其自然法理的正當性因此而得
以突顯；第二層意思則是「赦」與「宥」，「過」與「罪」的名
與實是相互區別的；第三層含義則強調了「君子」在天意與人事
當中的主觀體驗、判斷與把握的能動性。接著一轉，君子作為一

96　洪丕謨，《法苑談往》，上海，上海書局，1991，頁209-210。
97　沈家本，《赦考》，《沈寄簃先生遺書》，鄭沅署編，甲編，卷7。

種道德人格被轉化成君主之政治人格：「人君於人之有過者而赦之，有罪者而宥之。」[98]同時進入詮釋語境的赦宥與罪過的內在之別與相互關聯，則進一步將問題從政治領域具體落實到司法領域上面來：

> 然過有大小，過失之小者，故不必問。若事雖過失，而事體所關則大，如失火延燒陵廟，射箭誤中親長之類，其罪有不可釋者。原其情則非故也。故因時赦其罪以宥之。宥如流宥五刑之宥也。所謂罪者過失而入於罪者耳。若夫大憝極惡之罪，殺人不死則死者何辜！攫財不罪則失者何苦！[99]

在過失與犯罪之間，又加入因過失嚴重而入罪者，及罪惡而後果較輕兩種中間環節。故意與否不僅是區別過與罪的標準，也是赦宥之標準。但由過入罪而赦，則變「赦過宥罪」之本意為「赦罪」之義。沈氏由此進一步切入《舜典》的「眚災肆赦」說：

> 《傳》眚過災害也；肆，緩也；過而有害者，緩赦之。《疏》若過誤為害，原情非故者，則緩縱而赦放之。《史記。五帝紀》集解鄭元曰，眚災

為人作患害者也，過失雖有害則赦之。鄭瓚曰，朱子曰言不幸而觸罪者則肆而赦之，此法外意也。按此萬世言赦罪者之始。夫帝舜之世，所謂赦者，蓋因其所犯之罪，或出於過誤或出於不幸，非其本心，固欲為是事也，而適有如是之罪焉，非特不可以入常刑，則雖流宥金贖亦不可也，故宜赦之，蓋就一人一事而言耳，非若後世概為一笱並凡天下之罪人，不問其過誤故犯，一切除之也。[100]

　　要瞭解這一段的要義，還得先將眚災肆赦說重新放到《舜典》語境中去辨析。《舜典》說：「象以典刑，流宥五刑，鞭作官刑，撲作教刑，金作贖刑，眚災肆赦，怙終賊刑。」這一段文字概括了刑制的種類及其等級。但究竟眚災肆赦怎麼講？是法內之意抑或是法外之意？依沈家本的看法，講赦免過失有害者，即講赦罪，故而亂了赦過宥罪的本來秩序。所以赦罪不應是法內之意，也不可以入常刑，只對一人一事，而不可泛用。他批評後世對赦罪原義的混淆與濫用。的確不錯，後世的大赦天下，其實已脫離了純司法的領域，而進入了政治範疇。可見在詞源上，赦就是個兼具政治與司法含義的辭彙。這種情形在制度設置上亦然。

　　接著，沈家本從赦的詞義之溯源轉入到制度設置上的辯析。首先進入其辨析視域的是成書於漢代的帝國制度設計宏篇《周

禮》。該書的《秋官》篇設計的司刺，負責掌管三刺三宥三赦之
職能，後兩種職能的內容講「一宥曰不識，再宥曰過失，三宥曰
遺忘。一赦曰幼弱，再赦曰老耄，三赦曰蠢愚」。區別的是赦宥
具體的職能範圍；另一部文本已失的古代刑法典《呂刑》講，
「五刑之疑有赦，五罰之疑有赦」；《傳》解釋為「刑疑，赦從
罰，罰疑，赦從免。」明人邱濬總結道：「所謂有赦者，赦其有
疑者耳。」清人沈家本也強調「原赦」之意：「非若後世不問有
疑無疑一概蠲除之也。」可見，赦宥在具體的司法制度中是十分
嚴格的：宥的對象皆屬無心成罪者，而赦的對象有兩種，一是弱
能弱智者：老幼蠢愚；二是犯罪情節存疑者。否則的話，「凡作
刑罰，輕無赦……若輕者輒赦，則犯者眾也。故《書》云，刑故
無小。」[101]而「十惡」不赦更是用排除法限定了赦的範圍。

　　在討論過赦宥的定義、內涵、司法標準與對象之後，沈氏還旁
徵博引地去考察了歷代赦宥的目的與功效：

> 諸言肆眚者，皆是放赦罪人，蕩滌眾故，除其瑕
> 穢，以新其心也，必其國有大患，非赦不解，或
> 上有嘉慶，須布大恩，如是乃行此事。故《釋
> 例》曰：天有四時得以成歲，雷霆以振之，霜雪
> 以齊之，春陽以煖之，雲雨以潤之；然後能相育
> 也。天且弗違，而況於人乎。物不可終否，故受

之以同人。同人者，與人同也。解天下之至結，
成天下之亹亹。[102]

　　顯然，赦的上述目的完全是政治性的。這種政治性同時具有道
德訴求與功利訴求。前者體現在對自然時令的理解與敬畏之上，
而後者則體現在明顯的政治時令的計算上。而後者需要前者的配
合以彰顯赦罪的宗教性與社會性的淨化解結功能——蕩滌眾故，
除其瑕穢，安撫民心，弘揚君恩，從而體現符合天意、天人合一
的政治安排的合法性。這種配合的主次結構可以從沈家本所總結
的古人論赦的五種政治功能中進一步看出：「一曰原心，二曰明
信，三曰勸功，四曰褒化，五曰權計。」[103]由於赦是對罰的修正
與取消，其後果輕重不易把握，故沈氏認為它只能「有時而用，
非制所常」，否則會導致「廢天討，虧國典，縱有罪，虐無辜」
「惠奸宄，賊良民」之惡果。赦的這種政治悖論決定了其政治時
機選定的至關重要，那正是上文提到的兩項原則：一、國有大
患，非赦不解，二、國有嘉慶，須布大恩。

　　據沈家本的考證，漢代之大赦有踐祚（帝崩太子立為皇帝，年
幼太后臨朝稱踐祚）、改元、立後、建儲四種情況作為大赦的時
機，全部用於體現皇恩。關於中國古代赦宥實踐，西方學者布萊
恩·麥卡乃特著有專著《赦宥與中國的傳統司法制度》[104]。本節

---

102 同上。
103 賈子新書，引自沈家本，同上。
104 Brian E. McKnight, *The Quality of Mercy, Amnesties and Traditional Chinese Justice*, Hawaii, Hawaii University Press, 1981.

開篇我們已經說過死刑赦宥與政治性赦免的一般區別。舉清代死刑減緩原則為例，老幼蠢愚可免死，孕婦暫停行刑，案情有疑，犯罪人有可衿之處，如犯罪人為獨子，家有病疾老人可留養免死等司法考慮，皆具有一般性、常規性，是司法制度內的設計，與政治性赦免的偶然性、特殊性及其超越司法的考量有明顯的區別。而大赦時令的兩項原則也與死刑制度的時令觀有別。前面我們只簡約提及過死刑復審制度與時令的關係，現在，我想聯繫大赦時令展開對死刑時令的討論。由於大赦與行刑都講究時令，討論它們在觀念上，特別是實踐中的關聯是有益的。先看下面幾段圍繞《禮記／月令》關於孟秋刑殺的詮釋：

《月令》曰：孟秋之月，命有司修法制，繕囹圄，具桎梏，禁止奸，慎罪邪……戮有罪，嚴斷刑，天地始肅，不可以贏。

《注》順秋氣，政尚嚴，仲秋之月，乃命有司申嚴百刑，斬殺必當，毋或枉橈，枉橈不當，反受其殃……刑之所加不止於斬殺所命，正及於此者，大辟尤人所重故也。

孟冬之月是察阿黨則罪無有掩蔽。邱氏濬曰：自古斷決死刑皆以孟冬之月。凡有罪入於死刑，必先訊問詳讞之，至於是純陰之月，乃施刑焉……

刑者，陰事也。陰道屬義，人君奉天出治，當順
天道蕭殺之威而施刑害殺戮之事，所以法天時行
義道也。

沈家本評：按《月令》一篇即呂覽之十二紀，為
呂不韋賓客之所纂集，其所采者，多先王之舊
典，非秦制也。古者行刑在於何時，他書無可考
見，惟此言。孟秋戮有罪，仲秋斬殺必當，季秋
毋留有罪，是行刑之時在秋令，當為古法⋯⋯凡
死罪之應行刑者，皆在三秋，而秋後即無復有斬
殺之事，至孟冬之是察阿黨乃考核之事，非行刑
之事。邱氏謂古人斷決死刑者，皆在孟冬之月，
恐未然也。曰戮，曰斬殺，曰毋留，可知死罪
之當決者，三秋之月皆可施行過，此則非其時
矣。[105]

　　產生於西元前240年的《月令》對刑殺時令的這種自然主義的
解釋，影響了中國帝制時代的整套司法行為模式。上古的秋冬行
刑是作為思想存在還是一種制度性現實，由於沒有他證而難以定
奪，不過，秦制尚未有這種時令觀似乎是確實的。自漢代始，大
量材料表明，將死刑執行以及重要的訴訟活動限制在秋冬兩季，

---

105 沈家本，「行刑之制」，《刑法考》，卷3，民國版，法蘭西學院藏本。

已經不僅僅是一種觀念，而且是人們所接受的司法現實了。[106]春夏兩季禁止行刑已是漢代的定制，而將夏至與冬至兩日劃為禁止行刑的範圍可能在漢代也已出現。[107]唐代受當時流行的佛教不殺生觀念的影響，則進一步擴大了禁止行刑的時令範圍：

> 《舊唐書／志》太宗又制，從立春至秋分（七個多月）不得奏決死刑，其大祭祀及致齊朔望（新月與滿月），上下弦（月），二十四（節）氣，雨未晴，夜未明，斷屠日月及假日，並不得奏決死刑。唐律諸立春以後秋分以前決死刑者，徒意念，其所犯雖不待時，若於斷屠月及禁殺日而決者，各杖六十，待時而違時者，加二等。《疏議》曰，依獄官令，從立春至秋分，不得奏決死刑，違者徒一年，若犯惡逆以上及奴婢部曲殺主者，不拘此令。[108]

唐代的禁刑日最多，粗略計算可行刑的日子最多不過兩個月，甚至可能不超過一個月。惟有犯十惡罪者不拘時令限制。明律加重了對違時行刑者的懲罰，由六十杖加至八十杖，但犯十惡與強盜罪，雖決不待時違背禁刑時令者，笞四十。這仿佛是說，明

---

106 Derk Bodde and Clanrence Morris, *Law in Imperial China*, 朱勇譯，頁26。
107 同上。
108 沈家本，「行刑之制」，《刑法考》，卷3，民國版，法蘭西學院藏本。

律連犯十惡罪的死囚的行刑，也嚴格遵守時令，只有判了監候梟首的重囚，若死於獄中，不論是何時辰都「照常相埋」。[109]有清一代，雖然法定停刑日的天數大為壓縮：法律明文規定的停刑日不足三個月。[110]但一項對1760年至1903年的死刑執行資料的研究表明，死刑執行率低得驚人：只有五分之一到三分之一的情實死刑犯被執行死刑。原因並不是得到皇帝的赦免，而是皇帝無為所致，比如，1760年與1770年，乾隆皇帝為慶祝皇太后六十與七十壽辰，這兩年分別有2589和3151樁死刑案件，但都沒有當年審理，不少死囚既未獲得減免也未被執行死刑。[111]筆者對《清實錄》乾隆在位60年間的秋審死刑勾決人數作了一個統計，如下表：

《清實錄》中記錄的1736-1795間乾隆皇帝勾決的秋審朝審死刑犯數目：

時間	停止秋審／停止勾決	勾決人數	涉及省份數目（前面數字代表各省，1代表京城）
1736	停		
1737	停		
1738		386	10+1=11
1739		244	16+1=17
1740	停		
1741	停		

---

109 同上。

110 Derk Bodde and Clanrence Morris, *Law in Imperial China*, 朱勇譯，頁27。

111 James Lee, 「Homicide et peine capitale en Chine à la fin de l'empire: analyse statistique préliminaire des données」，同上。

時間	停止秋審／停止勾決	勾決人數	涉及省份數目（前面數字代表各省，1代表京城）
1742		544	17+1=18
1743	停		
1744	停		
1745		544	16+1=17
1746	停		
1747		451	14+1=15
1748	停		
1749		598	12+1=13
1750	停		
1751	停		
1752		823	15+1=16
1753		220	9+1=10
1754	停		
1755		286	5+1=6
1756		114	4+1=5
1757		262	9
1758		233	7+1=8
1759		251	6+1=7
1760		507	17+1=18
1761	停		
1762		596	11+1=12
1763		347	11+1=12
1764		339	10+1=11
1765		328	9+1=10
1766		261	9+1=10
1767		282	7+1=8

時間	停止秋審／停止勾決	勾決人數	涉及省份數目（前面數字代表各省，1代表京城）
1768		355	11+1+1=13
1769		403	11+1=12
1770		315	8+1=9
1771	停（皇太后80壽辰）		
1772		948	14+1=15
1773		310	7+1=8
1774		549	13+1=14
1775		491	12+1=13
1776		381	9+1=10
1777		572	15+1=16
1778		592	13+1=14
1779		487	8+1=9
1780	停		
1781		1071	11+1=12
1782		837	11+1=12
1783		848	12+1=13
1784		487	8+1=9
1785		489	9+1=10
1786		356	8+1=9
1787		346	7+1=8
1788		425	8+1=9
1789		284	7+1=8
1790	停		
1791		631	8+1=9
1792		601	12+1=13
1793		617	11+1=12

時間	停止秋審／ 停止勾決	勾決人數	涉及省份數目（前面數字代 表各省，1代表京城）
1794		737	16+1=17
1795	停		
總計	16	20748	

資料來源：《清實錄／高宗實錄》，北京：中華書局，1986。

這個統計表明乾隆治下六十年中，至少有16年沒有執行秋審朝審的勾決，餘下44年中勾決人數為20748人，約平均每年471人無法從這個制度中逃生。而清末就任刑部副主管的沈家本提及過他所處的時期的秋審勾決清況：「每年被勾決執行的死刑犯人，不足死刑總數的十分之一」[112]。顯然不同時期的情況多少有些變化，由於缺乏完整的資料，我們還不能得出清朝秋審制度中勾決與赦免人數的比例。

總體說來，中國的大赦實踐從早期的繁多、規範不嚴格逐漸發展到明清少赦並有嚴格的制度規範。配合秋審的制度化，配合赦免的法律規定的細化，再加上停刑實踐的多樣化：法定停刑日、因大殤和大慶或區域性戰事全面或局部停止秋審、因事停止勾決等，有清一代的大赦實踐在規範並減少普通死刑犯人執行的數量上起了重要作用。不能忘記的是，這些死刑限制系統在清代對決不待時的犯罪是不起作用的。尤其是亂世用特刑或法外刑的情況常常因不見錄於司法檔案而無從考證。我們不得不進一步追問的

---

112 梅耶譯本頁194，轉引自Derk Bodde and Clanrence Morris, *Law in Imperial China*,朱勇譯本，頁104。

是,「亂世用重典」與「國有大患不赦不足以解之」這兩種表述在現實中是如何進行的,有沒有必然聯繫,是不是可以理解為司法上的「用重典」與政治上的大赦乃是收拾「亂世」局面的兩種手段?其次,赦的時令與停刑禁忌有沒有內在聯繫?是宗教性的還是政治性的?今天世界上許多國家依然存在著死刑與赦免制度,但實踐情況截然不同,有的國家廢除了死刑,只踐行大赦,有的國家並行二制,而另一些國家,「亂世用重典」甚囂塵上,大赦之事卻不多見。

死刑之酷刑搬演

死刑審理的另一端是執行死刑。由於「死刑是國家的合法處死,本質上,它要求具有公開性、戲劇性與可見性,因為國家需要看著罪犯被處死,社會需要參與這種國家儀式並見證之。」[113] 而且,刑法的有效性也正是從其可見性、搬演效果及象徵意義中獲得的。在進入現代法制以前,世界各國的死刑大多都是公開執行的,即便是如今實現了全面廢除死刑的歐洲,也是在十九世紀末才由明刑制進入隱刑制的[114]。之前的死刑執行大都伴隨著酷刑虐待死囚,民眾圍觀看熱鬧的行刑過程。法國學者鞏濤(Jérôme Bourgon)解釋歐洲的「supplice」(暫且譯作酷虐死刑)行刑制度時,指出它包含下述特徵:一、由司法當局公開執行判決;

---

113 Jacques Derrida(德里達),《La peine de mort》(論死刑),香港中文大學講演,2001。
114 1868年開始英國實行隱刑行刑,法國到1938年才廢除明刑。

二、在一個舞臺上進行，調動所有搬演所要求的技術手段；三、是贖罪性神判的前奏，行刑是勸說犯人贖罪以為上帝最後審判做準備的過程；四、行刑是一種高度儀式化的宗教祭祀。[115]

在第一層面上，十九世紀前的歐洲與與帝制中國的最大不同在於，直到十八世紀晚期，歐洲都沒有成文法，多數刑事審判靠法官的技巧來仲裁決斷。[116]而中國的刑事審判與行刑過程都是嚴格遵守成文法法典來進行的，審判者與行刑者都必須嚴格遵守中立的法規，或者說原則上他們應當只是法律的執行者（這一點可與伊斯蘭法中法官的地位放在一起加以比較）。而後三種特徵在中國並沒有對應物。

一、舞臺搬演效果的闕如。歐洲死刑執行需要一個突出於地面並與觀眾隔離開的平臺搭絞架，需要「演員」在臺上扮演角色以改變其人格特徵或履行技術性功能，如劊子手高度類型化的姿勢，死刑犯劇烈扭動的身體，痛苦喊叫，及其由此獲得的救贖。一個好的演出也需要好的情節安排，即一個「善終」的視覺敘述：從進入絞架開始直到行刑結束，需要耶穌準備就死那樣的道白、親吻受刑人腳尖的儀式那樣一些重要細節，還需要一些道具，如耶穌頭上的鐵釘皇冠以將之轉化成典型的基督教烈士。

---

115 Jérôme Bourgon, 《Chinese executions visualizing and constructing their differences with European *"supplices"*》（中國的行刑之制：與歐洲酷刑制的視覺與結構差異），未刊行論文。

116 Pieter Spierenburg（史皮倫堡）, *The Spectacle of Suffering. Executions and the Evolution of Repression: from a Preindustrial Metropolis to the Euro-experience*（《折磨場面。處決與鎮壓的演變：從前工業化大都會到歐洲經驗》），Cambridge, 1984, p. 72 sq.

二、贖罪性神判：對犯人的懲罰只是整個審判過程可見的一部分，那不可見的結局則由痛苦與懺悔來預示。神判過程在可見世界的場面越是酷烈，在不可見世界的苦難就越輕，受罪時間也越短。所以殘酷與受苦不是偶然的，它具有某種功能必要性，這種功能必要性反過來又使各個角色進入一種表演狀態。一個好的劊子手，必須將酷刑表現得淋漓盡致，以幫助犯人在另一個世界裏獲救。同樣一個好的死囚，也應盡量表現出所有受苦的狀態以自助，使自己成為基督教烈士或受難耶穌的化身。劊子手因此不是以法律的助手而是作為犯罪的對手出現的，他對付的是犯人的有罪之身，通過體罰犯人來協助他的靈魂獲救。

三、高度儀式化祭祀性集體性的宗教事件：行刑的最終目的是要創造與啟動所有參與者的強烈宗教共用情感，通過扮演過程，人們自然進入一種與受刑者的模仿性認同之中，同情心的淨化作用使觀演之個體在即刻之間以強烈的方式融入基督教共同體之中。從這一角度出發，酷虐地執行死刑是一種凝聚大眾的合法懲罰儀式。集體情感溝通通過三種基本因素得以表達：劊子手的施虐、受刑人的痛苦和懺悔以及觀眾的同情。這三者的融合形成行刑過程的高潮。

因此，歐洲的死刑執行以象徵性、模仿性與淨化作用為特徵，通過視覺的刺激呼喚集體潛意識。它更多地依賴美學技巧而非修辭。它通過各種畫面將行刑表現為如戲般的人生。鞏濤因此

認為，在歐洲，法律的意義與「刑法藝術」的複雜結構密不可分。[117]當然，這種情形是否在基督教進入以前就是西方普遍的行刑現實，還值得細分。現在回過頭來看看中國的情形。

由於中國史書中詳細介紹和描寫行刑過程的史料很少，現在不易恢復它的原貌。就已掌握的材料看，除了劊子手，即《周禮／秋官》中描寫的掌戮[118]，押解犯人之衙役，死囚、監斬官及明刑中的觀眾外，構成行刑場面人物角色的是否還必須有小說戲劇中常提及的驗明正身者與驗屍官？歷朝歷代的變化如何？另外，還有一個細節是從《周禮》時代沿用至當代公審大會的，即「明桔」制（加明桔者，謂書其姓名及其罪狀於桔而著之也，囚時雖有無桔者，至於刑殺皆設之……明桔之制，若今行刑者以紙書姓名及其罪，縮於小杆，插犯人之背，曰斬條以示眾，是也。雖與古制稍異，而其意則同矣。[119]）。這裏我們只想從《刑案匯覽》記錄的一個案例，觀察一下清朝行刑制這方面的訊息。「阜陽縣知縣李複慶等處決秋審罪囚斬絞錯案」有如下的情況記錄：

> 縣役潘立押斬犯李添罡走在前，裴先管押絞犯徐
> 四本在後行走。因觀看人多，將二犯擁前擠後，
> 以致行刑兵丁余得志將絞犯徐四本誤行處斬；捕

---

117 瞿濤，同上。

118 沈家本在「行刑之制」中只提到清代死刑判決由刑部主持，死刑執行則由兵部掌管。史料中關於劊子手的譜系鮮見，故無法作進一步的研究。法國的劊子手有詳盡的檔案材料，薪水由國家預算開支。技術是父子相傳。職業具有詛咒性也具有神聖不可侵犯性。

119 沈家本，「行刑之制」，同上。

役張平將斬犯李添罡誤行處絞。

雖非有意顛倒，惟處決錯誤實由潘立、裴先押犯

誤行所致⋯⋯

營兵余得志、縣役張平僅知前到三名系屬斬犯，

後到四名系屬絞犯，彼此各不相顧，致將徐四本

誤行處斬，李添罡誤行處絞。亦屬疏忽⋯⋯

縣役宋傑、吳奉懼系本案原差，並未派往行刑。

於次日到場收屍，看出斬絞錯誤。即行具稟，並

無不合。應毋庸議。

至該撫奏稱「已革阜陽縣知縣李複慶，已革千總

徐准清，雖系親身在場監視，惟於處決重囚不知

慎重，以致斬絞人犯誤決二名，非尋常疏忽可

比。未便僅照定例降調，業已從嚴參革，應無庸

議」。[120]

　　這個案件提供的第一個訊息是營兵負責斬犯、縣役負責絞犯的
死刑執行。不過，不知道這種分工是否是制度化的分工。因為沈
家本曾說過，執行死刑由兵部負責，看來具體操作時並非如此。
第二個訊息是出席行刑者，除上述兩個行刑者、七名斬絞犯人
外，還有押解人犯的衙役數名，知縣與總千作為監刑官也到場。
但驗明正身者並未到場，只是次日才去驗屍。而且，從上述內容

---

120 轉引自Derk Bodde and Clanrence Morris, *Law in Imperial China*,朱勇譯，頁293。

看似乎都沒有什麼戲劇搬演的因素，每個人履行的都是法律所規定的角色，講求的是法律技術性上的對錯，沒有視覺藝術的技術性追求，也沒有隱性的宗教功能要滿足。最後，由於觀看的人太多，而且前擁後擠，空間上並未有受刑人、押解人與觀刑人的嚴格分隔，以致弄錯斬絞人犯，缺乏距離也就意味著缺乏觀演性。也許體制不同，就很難籠統地將中國幾千年的行刑傳統與上述幾條內容作對應性比較。甚至更不能通過這種比較推論出中國式的行刑制沒有宗教性與搬演性。因為一般來說，大凡明刑都具有公開性、視覺性、過程性、觀眾參與性等特徵。我們前面提到的上古軍陣中執行死刑的場面就具有強烈的視覺效果與扮演特徵，而且宗教性也十分突出；而棄市三日，梟首示眾，甚至有連續劇的效果，而且也含有一套信仰邏輯。

也許在這個比較中，與歐洲的行刑之制相區別的，只是那個突出地面的平臺。從清代行刑場面的圖片與文字記錄看，似乎都沒有搭台行刑的做法，京城菜市口的行刑方式，一般似乎是在地面上進行的。鞏濤所分析的保存於法國Nicephore Niepce博物館的那一套攝於1905年北京菜市口的凌遲刑照片呈現的是：行刑場地就在街面的平地上，犯人被綁在一根柱子上，圍觀者很近地圍成一圈，劊子手認真地正在剮他——胳膊上的肉，胸脯上的肉已被剮下兩大塊。沒有宗教背景，沒有舞臺與觀眾間的隔離，也看不出圍觀者臉上的喜怒哀樂。他因此認為中國的死刑執行缺乏舞臺景觀所給予的那種視覺效果，因此不具有搬演性與公眾參與性；由於近距離地圍觀，使行刑無法產生有距離的那種完整性、連貫

性與觀演效果；圍觀者的冷漠表情使中國的圍觀人群表現為一群非公共性（no public）的人群，與歐洲的圍觀者表現為「失望」的公眾（當局常常擔心行刑過程會釀成騷亂）全然兩樣。儘管他錯將照片中一個手持煙槍的長辮子男人當作點香做法事的和尚，鞏濤還是正確地察覺到中國式的行刑特徵，總的來說是世俗性的實踐，不是宗教性的儀式，特別是有清一代。下面這兩段記錄可以加強這一比較所突顯的上述特點。

一是英國領事梅多斯（T. T. Meadows）1851年在廣州所目睹的執行死刑場面，二是富柯（Michel Foucault）《監視與懲罰》中轉錄下的達米岩（Damiens）案的行刑過程：

> 1851年7月30日廣州：犯人被押進場內，大部分徒步而行，也有些犯人分別被裝在大竹籠裏，由兩名獄卒抬入現場。裝在竹籠裏的犯人全疲軟無力，我想，可能是由於過度的恐懼，也可能是在監禁中受到拷打所致。進入場內的犯人被分別安排在一個固定的位置上，大多數人立即癱瘓。每一名犯人身後站立一名獄卒。獄卒們把癱倒在地的犯人拉起，使其跪在地上。
>
> 犯人們跪下之後，其身後的獄卒抓住犯人的辮子，將其頭往前拉。這時，劊子手開始動手。劊子手只有一名，他一口氣將33名犯人斬下頭顱，前後時間不超過3分鐘。在將33名犯人斬首

之前，劊子手還對第一名犯人給以重重一擊，但並沒有將其斬首。這第一名犯人是首犯，他被處以凌遲刑。將33名犯人斬首之後，就應執行凌遲刑了。地上立起一根柱子，犯人被綁在上面……**我們站在犯人側面約20碼以外。首先，劊子手在犯人的額頭上劃了兩刀**，又在左胸上重砍了一刀。接著，用刀在犯人大腿前側割下一塊一塊的皮肉。對於可怖的行刑過程，我們**未能完整地看到**。從劊子手向犯人砍第一刀到犯人整個軀體從立柱上倒下以及頭顱被割下，**前後經過了4-5分鐘**。整個過程裏面，我們都可以走得更近些去觀看行刑，不過很容易想像，甚至巨大的好奇心也不能夠誘使我們跳過橫陳地上的死屍，蹚過血水，到近前去聽那些可憐的人起伏的胸膛和顫抖的四肢中發出的呻吟。從我們站立的地方，我沒有聽到一聲哭泣；而且，我還可以補充一句，當劊子手逼近的時候，這33名死刑犯中，沒有一個人表示反抗，或者發出一聲呼叫。

當第一名刑犯被斬首之後，我即看到從圍觀的人群中跑出一名男人，他蹲在已倒下的刑犯軀體一旁，手裏拿著一隻陶罐和一把類似燈心草的小棒。他將一根一根的小棒浸在死者的鮮血之中，待其浸透了鮮血，再將小棒放在陶罐裏。據中

國人說，這種浸透著人血的小草棒可以充作藥用。[121]

1757年3月2日巴黎：達朱岩被判在巴黎教堂的正門前公開悔罪，從那裏他要被帶上敞車，穿著一件襯衣的他，赤著足，手裏拿著兩斤重的燃燒著的蠟燭，被帶向格萊夫廣場豎立起的絞架上，胸、臂、臀、腿被緊緊鉗住，那曾持刀殺父的右手上被澆了硫磺，這些地方都要遭到烙刑，用烙鉗烙，以滾油樹脂澆，用蠟與硫磺烙，然後身體將被四匹馬撕拉分裂並擲於火中焚燒，化成灰燼並隨風吹散。

《阿姆斯特丹報》說他最終被碟屍。這最後的步驟持續非常久的時間，因為，那些馬不習慣拉東西，以至得用六匹馬，而不是四匹；這還不夠，要撕開那倒楣鬼的大腿，還得砍斷他的筋腱與關節……

人們相信他從來就是個瀆神者，他逃避不了人們對他的瀆神辱罵；只是那些極度的疼痛使他發出駭人的喊叫，而他常重複的話是：我的上帝，可

---

121 T. T. Meadows,「Description of an Execution at Canton」（廣州行刑紀實），*Journal of the Royal Asiatic Society*（《皇家亞洲社會雜誌》），no. 16 (1856)，頁 54-58。

憐可憐我吧;耶穌,救救我吧。旁觀的人們被聖保羅教堂神甫的那種關懷所感化,儘管他已高齡,也沒有放過每一分鐘來安撫這個受刑人。

警員布童通報道:硫磺點燃了。可火是那麼溫和,手的表層只輕微燒傷。劊子手將袖子卷到肘上,操起備好的鋼鉗,那鉗子約有一個半腳長,先烙他的右腿上的肉,然後烙大腿,從那往上烙他的右臂上的兩塊肉;然後烙胸脯。這劊子手儘管強壯而結實,但要用鉗子拔下那些肉還是相當費勁的,他兩三次握著那鉗子朝一面擰,他拔下的肉在每個部分形成一塊面值六磅的埃居幣大小的傷口。

烙完之後,狂喊不斷但沒有咒罵的達米岩揚起頭,正視著前方;那劊子手用一隻鐵勺從大鍋裏取出滾燙的水澆在每塊傷口上。然後用細繩將他綁縛在馬上,再將四肢沿大腿,小腿與胳膊捆在馬上。

那個布列坦尼的書記官先生,多次走近受刑人,問他是否有話要說。他說沒有;他像人們描述的要下地獄的人那樣喊叫著,沒有什麼可說的,每一陣劇痛都使他喊叫道:「寬恕我吧,我的上帝!原諒我,我的主。」他不顧所有這些疼痛,時不時抬起頭勇敢地正視著。那些被人拽著端部

的細繩勒得那麼緊，使他遭受著說不出的劇痛。
那個布列坦尼書記官先生多次走近他，長時間地
跟他說話；他自願地吻了吻他們向他出示的十字
架；鬆開嘴唇，只說：「原諒我，我的主。」[122]

　　上述兩段文字的很多方面都多少加強了鞏濤比較中西前現代行
刑制四個方面的同異：刑場平面的差別，犯人與劊子手身上所體
現的不同觀演效果——中國的犯人的反應只有呻吟，四肢的顫抖
與胸膛的起伏，而那個達米岩喊叫，正視前方，乞求寬恕，嘴吻
十字架都具有強烈的戲劇效果。而且行刑過程有一定的時間長
度，還有各種人物穿梭期間：警員通報燒傷的程度，劊子手忙活
的工具、步驟、受刑部位的狀況、書記官的籍貫、老神甫無微不
至的關懷，加上那些道具：絞架、燃燒的蠟燭、鋼鉗、滾水鍋、
大鐵勺、細繩、與分屍用的六匹馬、十字架等，可以說是有聲有
色，不象中國的那個場面，三十多人幾分鐘之內就倒在一個劊子
手刀下，沒有反抗，沒有叫喊，連以延長痛苦威儡觀者的凌遲刑
也不過持續了四五分鐘，而且進行得無聲無息，像是在宰殺動物
一般。最為重要的區別可能就是神甫與取死刑犯鮮血的那個男子
所傳遞的不同宗教文化傳統的資訊，這個衝入刑場取刑人之血的
人，可以說是行刑觀演中的主動參與者，儘管這已不在法定的行
刑制的功能內，但卻使得定義行刑過程的公眾性，特別是觀演性

---

122 Michel Foucault, *Surveiller et punir*, Gallimard, 1975.

變得不那麼簡單，而需進入更為廣義的文化信仰領域。這個行刑場面的尾巴給人另一種強烈的對比感，那就是中國的酷刑執行追求的是摧殘身體的血肉效果，如凌遲之法，「乃寸而磔之，必至體無餘臠，然後為只割其勢，女則幽其閉，出其臟腑，以畢其命，支分節解，菹其骨而後已」[123]，求延長痛苦，支解皮肉的效果，而民間信仰中以刑人血肉治病進補[124]也還是停留在身體本身的價值之上，沒有歐洲行刑制那種摧殘身體以拯救靈魂的宗教訴求。對比起來，歐洲行刑制所強調的仿佛更多的是以皮肉之苦的強烈表達來換取靈魂的救贖，有助人一把的功能，而不只是為懲罰而懲罰。

　　酷刑的這種宗教文化內涵，隨著文明的演進而逐漸弱化。無論是歐洲酷虐死刑所追求的痛苦體現還是中國酷刑所追求的身體摧殘之血肉信仰，如今都已成為歷史。不過，殘酷概念也隨時代的變遷而在標準上發生了變化。在歐洲，從作為技術進步標誌的斷頭臺的出現到全面廢除死刑，殘酷性始終是每一次變動的關鍵字：當年，發明斷頭臺的吉猶坦（Guillotin）就是以讚美其產品「無痛，而且還有輕微的涼意」，快速有效並能減輕犯人的痛苦來推廣斷頭臺的；而美國聯邦最高法院1972年因死刑違犯憲法修正案第八條「特別殘酷刑罰」條款而宣佈死刑違憲，十年之後，又因電椅毒針的引進，許多州以死刑不再殘酷為由恢復了死

---

123 王明德《讀律佩觿》。
124 魯迅的《藥》中所寫的人血饅頭治病的說法，《明史／劉瑾傳》記錄的「仇家以一錢易一臠，有得而生啖者」，都是這種食人進補文化的體現。

刑；中國歷史上遠的不說，清末司法改革，沈家本力主順應國際潮流將大清的死刑執行法歸一為斬決的辯辭都是圍繞著殘酷性展開的：沈家本在「死刑唯一說」中以「斬首者，首斷而氣即絕，其痛楚之時必短」為論據主張以斬刑取代梟首、凌遲、槍斃與絞刑。[125]儘管廢除死刑還沒有進入中國司法改革的議題，筆者注意到，近年來，引進毒針行刑以取代槍斃已成趨勢，其中的考量也有人道主義行刑之訴求。德里達在論說死刑與殘酷性標準時這樣說：所有與死刑相關的殘酷說都以是否見血、是否痛苦為論證中心，但如果我們關注殘酷之心理層面的含義，社會與文化心理的含義，死刑爭論中的這個問題恐怕會有一個完全不同的視野，而這與人之特性的重建不是不相關的。從死刑的任意性到規範性，從神靈主宰到理性的形式化程式的建立，從行刑技術的改良到廢除死刑，每一步都是歷史性的飛躍，每一步都是人類理性活動的進展。

刑人屍體處理：禮法與信仰

死刑這種法定而正當的判死，在它處理受刑人的權利、法律、人性及其尊嚴等可以不斷假設的問題上，不同於殺人或非法處死，也不同於謀殺。這裏，依康德及其他人的邏輯，當然康德更典型，死刑是人類理性的尊嚴之體現，是區別於動物的人的尊嚴的體現，也是一個高於自然生命的關於生命價值的法律議題。這

---

125 沈家本「死刑惟一說」，《寄簃文存》，卷三，北京，中華書局，1985，頁2099-2010。

就是為什麼在此邏輯中，死刑標識著對人的特性、人的理性的訴
求。所有這一切，包括死亡，見證的將是法的合理性而非自然獸
性之非文明狀態。因此，被判死刑者即便他被剝奪了生命或生存
權，他也有權享有權利，從某種意義上講有權保有體面和享有葬
禮。[126]

因為死刑是對人的懲治，因此它也是關於人性敘述的一部分。
康德將死刑的設計提高到人類理性與尊嚴的高度來談，一方面區
別了死刑與其他類型的人類死亡狀態，如殺人害命、非法處死、
自然死亡，都涉及到理性以外的領域，另一方面強調了死刑是關
於理性的後設敘述。因此，死刑是對人的文化敘述或非自然主義
的敘述，並以此將人區別於自然狀態的人與動物界。前面我們已
討論過死刑和酷刑通過對身體的合法施虐進而人為地剝奪人的生
命以確保刑法的理性尊嚴，受刑人的身體成為懲罰的必要場所，
並不是非理性的激情產物，而是理性計算的結果。我們前面談到
過刑人屍首是否保全，是否分離與是否碎屍的等差意義，也都是
理性考量的產物。接下來，我們要進入刑後屍體處理的領域。儘
管各國文化不同，處理屍體的信仰與方法也差異很大，古今習俗
的變化也甚巨，但沒有一個文化能免此儀式。

中國的悠久農業文明講述人的過程有句通俗的話：生於土，長
於土，死後還於土。這種觀念確立了葬埋方式長久以來作為處理

---

126 德里達「關於死刑」，香港中文大學講演稿。

後事的最普遍方式的地位，也形成了特殊的葬埋禮儀。《荀子／禮論》有一段文字頗能概括先人的葬埋觀念：

禮者，謹於治生死者也。生，人之始也；死，人之終也；終始俱善，人道畢矣。故君子敬始而慎終，終始如一，是君子之道，禮義之文也。夫厚其生而薄其死，是敬其有知而慢其無知也，是奸人之道而背叛之心也。君子以背叛之心接臧穀，猶且羞之，而況以事其所隆親乎！故死之為道也，一而不可再複也，臣之所以致重其君，子之所以致重其親，於是盡矣。故事生不忠厚，不敬文，謂之野；送死不忠厚，不敬文，謂之瘠。君子賤野而羞瘠，故天子棺槨七重，諸侯五重，大夫三重，士再重，然後皆有衣衾多少厚薄之數，皆有翣菨文章之等，以敬飾之，使生死終始若一，一足以為人願，是先王之道，忠臣孝子之極也。天子之喪動四海，屬諸侯。諸侯之喪動通國，屬大夫。大夫之喪動一國，屬修士。修士之喪動一鄉，屬朋友。庶人之喪，合族黨，動州裏。刑余罪人之喪，不得合族黨，獨屬妻子，棺槨三寸，衣衾三領，不得飾棺，不得晝行，以昏殣，凡緣而往埋之，反無哭泣之節，無衰麻之服，無親疏月數之等，各反其平，各複其始，已

葬埋，若無喪者而止，夫是之謂至辱。[127]

　　首先，葬埋之禮是「善終」生死觀的體現，葬禮之輕重關乎道德，涉及社會等級：從棺槨之幾重，衣衾之厚薄，到棺飾文章及葬禮規模都有嚴格的規定。甚至連刑余罪人也不應被剝奪葬禮權，儘管按規定，其葬禮規模只限於妻與子，排除親朋好友的參與，而且棺槨限三寸，衣衾限三領，不許飾棺，不許白日行葬禮，只許在黃昏時進行葬埋，並且不可披麻帶孝，不准哭喪，不得守喪，埋完了事。這樣做的目的是以示帶罪之人的恥辱。但喪禮的這種等差與限制，仍不足於體現喪葬文化與懲罰制度相互關聯的那種宗教深度來。因為喪禮問題不止於「善終」，它還涉及死後靈魂的安頓、親屬後代的福祉等諸多信仰層面的問題。

　　荷蘭漢學家德‧格魯特（J. J. M. De Groot）在他多卷本的《中國的宗教制度》中研究了大量的古代文獻後指出：中國人比我們更重視墓穴。墓地是神聖的，因為它是魂魄的回歸地，不僅對於安魂至關重要，而且是魂魄賴以存在的場所，失去身體的靈魂只有附著於作為自然載體的軀體才能逃脫毀滅，所以墓地乃是靈魂與肉體死後賴以保存的場所。屍體掩埋如果方式不正確被視為一種災難，要是屍體曝露不葬還會引發更大的災難，而無棺而葬乃被看作一種詛咒。薄葬能導致靈魂的疾苦，是一種懲罰方式。[128]

127 《荀子新注》，北京：中華書局，1979，頁316-317。

128 De Groot , *The Religious System of China, Its Ancient Forms, Evolution, History and Present Aspect, Manners, Customs and Social Institutions Connected therewith*（《中國的宗教制度：古典形態、演變、歷史與現狀、方式、習俗與相關的社會制度》）, vol. III, Leiden: E. J. Brill, 1897, 頁855-857。

這一描述不僅講述了葬禮的主要場所——墓穴對於死者死後的意義，而且還特別強調了屍體正確葬埋的必要性與重要性。葬埋儀式所具有的轉化功能及對一定規則的高要求，而且完全吻合人類學家對儀式的轉化功能的強調，以及對儀式的操作技術與方式之正確與否的訴求。[129]而最後一句話，還讓我們能看到刑殺作為懲罰方式的在行刑之制中隱秘延伸的另一面，即對靈魂的懲罰。基督教死刑文化在行刑制裏所體現的宗教含義，在中國文化裏是以刑罰開始，以葬禮及其相關的信仰來體現的。荀子說：

> 喪禮者，以生者飾死者也，大象其生以送其死也。故事死如生，事亡如存，終始一也……古葬埋，敬藏其形也；祭祀，敬事其神也……[130]

荀子這段話由葬禮推進到祭禮，進而區分了人死之後的形神之別。《晉書》中有一段文字更深入地說明了這種區別：

> 博士傅純曰，聖人制禮以事緣情，設塚槨以藏形

---

129 Gilbert Lewis, *Day of Shining Red: An Essay on Understanding Rituel*（《瞭解儀式》）, Cambridge, Cambridge University Press, 1982. James L. Watson,《The structure of Chinese Funerary Rites: Elementary Forms, Rituel Sequence, and the Primacy of Performance》（中國葬禮的結構：基本形態，儀式程式，表演綱要）, in *Death Ritual in Late Imperial and Modern China*（《帝國晚期與近代中國的喪葬禮儀》）, ed. by James L. Watson & Evelyn S. Rawski , Taipei, SMC Publishing INC., 1988, 頁3-19。

130 《荀子。禮論》,《荀子新注》, 同上，頁322-323。

而事之以凶，立廟祧以安神而奉之以吉。送形
而往，迎精而還，此墓廟之大分，形神之異制
也。[131]

　　該段文字特別突出了棺槨墳墓等喪葬之地的功能是「藏形而事
之以凶」，不同於廟祧等祭祀之地，其功能為「安神而奉之以
吉」。也就是說墓地作為屍體的埋藏處起的是避凶的功能，而廟
祧作為靈牌供奉處則有求福化吉之用。所以，不能安葬與不能避
凶可以作為懲罰的方式也就不奇怪了。不能安葬以為懲罰，我們
可舉《後漢書》中大將馬援的例子。馬援鎮守交阯時發現一種草
藥能制瘴氣，控制性欲。離開南方回軍時帶了一車回去。所有權
貴都稀罕這種南方珍奇而趨之若鶩，馬援因此名利雙收，但無人
稟報皇上。馬援死後，有人上書誣告他從南方帶回的是一車奇珍
異寶。皇帝盛怒，馬援家人故不敢在祖墳上厚葬之，而在城西
買了數畝地，「稿葬而已，賓客故人莫敢弔。」[132]而安葬作為避
凶之必要，文獻中也不乏記錄。屍骨曝露不葬，小則凶及家人鄰
里，大則危害一方一國。《管子》言，「春不收枯骨朽脊伐枯木
而去之，則夏旱至矣」。所以埋葬屍骨不僅是家人的義務，外人
的功德，也是政府的仁義所在，是積德避凶之義舉。即便是對於
犯人，收屍葬骨也不可忽略。《古今圖書集成／見聞錄》中有這

---

131 《晉書》，轉引自De Groot, *The Religious System of China, Its Ancient Forms,*
　　Evolution, History and Present Aspect, Manners, Customs and Social Institutions
　　Connected t herewith, vol. III，同上，頁851，注1。
132 《後漢書》，轉引自De Groot, 同上，頁858-859。

樣一段記載：明朝「高密東岡李公撫甘肅時，偶視都司獄牆隈白骨堆積，詢之，乃遠年罪人死者。公憮然曰，死已償其罪矣，遺骸暴露何也。遂於城外作義塚埋之。」可見掩埋屍骨，事關重大，是為官一方的責任。順著這個思路，就不難理解為什麼發掘他人墳墓、毀屍、棄屍、掘墓見屍等行徑，直到民國的刑法典都是觸犯刑律的行為。

如果我們進一步進入民間信仰的領域，關於屍體與靈魂，墓地與廟祧，凶與吉的功能性關聯就會更為複雜。亞瑟‧伍爾夫在他已成經典的人類學論文「神，鬼與祖先」中將中國人的信仰世界分為三層相互有機關聯的結構：對應於天地人的分別是神的世界，在現實等級中即是以皇帝為核心的官僚階層；鬼的世界，在現實中即是以外族人、陌生人、盜匪與乞丐為代表特徵的潛在威脅；祖先的世界，在現實中即是以家族為核心的倫理秩序。帝王將相及各級官吏死後可進入神的世界，族人及家人死後進入祖先的世界，而外人則轉化為帶有危險性並招人恨的鬼。[133]有的地區相信人死之後靈魂會轉化為三種形式，「靈」上天，「魂」留在祭祖牌位上，而「魄」進入地界接受懲罰。無論從上述廣義的信仰實踐還是地域性的信仰實踐來看，與屍體掩埋直接相關的顯然是「鬼」與「魄」的問題，所以我們這裏只關注該文對這方面的論述。

---

133 Arthur P. Wolf,《Gods, Ghosts, and Ancestors》, *Studies in Chinese Society* (《中國社會研究》), Stanford, Stanford University Press, 1978, 頁131-182。

鬼屬於地下世界，是人最為物質化的部分的精神
遺留物，常常由挖掘曝露的屍骨來體現。[134]

一般說來，神與祖先都具有神性，代表建設性的
社會關係，相反，鬼所代表的社會力量是消極
的，危險而具潛在摧毀性的。[135]

在中國人的形上學領域，人類靈魂的積極的、非
物質的、非塵世的方面稱為神，而其消極的、物
質的、塵世的一面叫做鬼。哲人們將神與生長、
繁殖、生命、光明、溫暖聯繫在一起；而將鬼與
衰竭、毀滅、死亡、黑暗、寒冷聯繫在一起。[136]

作惡害人的鬼是那些不滿的靈魂……包括那些被
忽略的死者：那些沒人祭祀的早夭者或無後者，
那些客死異鄉被人遺忘者，那些充滿仇恨尋求報
復的冤魂，如被謀殺者，自殺者，冤死者。[137]

上述這幾段關於鬼的論述有幾點與我們的論題相切，一是鬼由
漏棺曝骨來體現，是人死後最物質面的精神遺存物，這使屍骨掩
埋的重要性變得有理可依；其次，鬼代表負面的力量，它對活人
的世界構成污染與威脅；其三，鬼是由那些無後人祭祀紀念的死
人及有冤屈者構成的。這說明鬼的居所是墓地，由遺骨體現，因

---

134 同上，頁134。
135 同上，頁175。
136 同上，頁169。
137 同上，頁170。

此墓地與屍骨是避免鬧鬼的首當之處；另外被人遺忘無人祭祀者
也會鬧鬼。這就引出一個與我們的論題相關而很少被提及的問
題：死刑犯人屬不屬於非自然死亡？對這種罪人的處死，是否真
的「死已償其罪」？雖然他有權享有葬禮，但薄葬、混葬、屍首
不全等是否會導致靈魂不同程度的痛苦？會不會因為被開除出族
而成為惡鬼而影響後代及社群的福祉？或者說罪人罪有應得，死
後靈魂繼續受罰只會有益於家人後代，有益於社會及國家？如若
是後一種情況，我們是否可以作下述推論：在基督教文化中，肉
體所受刑罰愈重，愈能減輕靈魂的苦難，在中國人的信仰中，
犯罪是今生來世之劫，有多重的肉體刑罰就要承受多重的靈魂之
罰。如果確實如此的話，民間信仰是不是可以理解為國家意識形
態的延續與鋪陳？

　　死刑文化在這些問題上的社會學、宗教學研究，還有待深入進
行。如果說死刑是一種國家與社會的最極端懲罰形態，那麼它與
民間懲罰文化的關係就是值得特別注意的。比如直到近代，中國
社會的家法族規還有相當大的「私法處死」空間，針對家族成員
的犯規行為，特別是通姦行為，可以由族人用各種方法處死而不
需進入國家司法領域。

　　有趣的是，死刑文化的研究才剛剛開始，而死刑制度已經在許
多國家走到了盡頭。仔細想想，不得不問，這樣一種意義龐大、
意味深遠的、由人類從不同文化信仰中一手發明的制度怎麼就這
樣消解了，或者說正在消解之中？究竟人類的精神領域發生了什
麼變動？廢除死刑的條件與產生死刑的條件是一樣的嗎？全面廢

除死刑是否可能？帶著這些問題，我們來到死刑文化的革命性階段——廢除死刑的思想、運動與成果。

死刑存廢之爭

可以說沒有死刑文化就沒有死刑存廢的運動，但有死刑文化的國家，未必就能產生質疑死刑的思想與傳統。與所有古老的國家一樣，中國死刑的歷史漫長而不乏文獻記錄，但將之當作問題來進行論辯者幾乎可以說鮮見難覓。從歷代刑法志到各類律學著作，談死刑的記錄性與技術性文字居多。很難看到能與義大利人貝卡利亞《犯罪與刑罰》（Cesare Beccaria, *Des délits et des peines*，1765）和德國大哲康德《道德形上學》（1797）比美的思考死刑之作。時至近代，沈家本在晚清司法變革之中遭遇過西方廢除死刑的辯論大潮，雖然他認為國情不同，中國還不能廢除死刑，但他同其日本同僚岡田朝太郎展開的死刑辯論與他對中國死刑制度的系統研究[138]，及對晚清死刑制度改良的推動，使他成為中國真正認真思考改造過死刑的第一人。

一、思想領域的死刑存廢之辯：在人類死刑實踐的漫長歷史暗夜中，燃起一盞思想之燈的人是一個名叫貝卡利亞（1738-1794）的義大利人。1765年2月17日在法國的《歐洲文學報》上，刊登了一則關於一本《討論酷刑之殘酷性與刑法程

---

138 據筆者掌握的不完全材料，沈家本先後寫過有關死刑的文字有「死刑惟一說」，「行刑之制」，「死刑之數」，「變通行刑舊制議」，「赦考」，「唐死罪總類」，「刑法分考」等。

式不合法》的奇書的簡短報導，沒有提及作者的姓名，只說該書在義大利被認為「對公共立法有欠尊敬」。這本在裏窩那（Livorno）問世並迅速在威尼斯、羅馬、那不勒斯、米蘭引起議論與猜疑的書很快使其匿名的作者浮出水面，他就是年僅二十六歲的貝卡利亞侯爵。這位深受啟蒙思想家狄德羅、布封、休默影響的青年很快受到了整個啟蒙思想影響下的歐洲的青睞，尤其在巴黎。他被稱為「當前歐洲最優秀的靈魂之一……他的書位於那些少數逼人思考的珍貴著作之列……我們希望歐洲所有的立法者都考慮貝卡利亞先生的思想以糾正我們法庭的那種冷默的司法殘忍」[139]。這本挑戰死刑正當性的奇書公然宣稱：

> 死刑不是一種權利，而是國家對於它認為有必要也有用處消滅的市民的戰爭，不過，要是我能證明這種刑罰既無用又無必要的話，我將能使人性的事業取得勝訴。[140]

從此，由歐洲波及世界範圍內的死刑存廢之理論辯論與實踐進退就欲罷不能，雖然廢除死刑還遠未成為人類的普遍共識，但它所提出的諸多問題已經成為由懲罰本位向權利本位，由主權者權力本位向個體自由本位轉化的現代刑法的重要內涵。而且作為思

---

139 Robert Badinter, 《Préface》 in Cesare Beccaria, *Des Délits et des peines*, Maurice Chevallier 法譯本, Flammarion, 1991, P. 13.
140 貝卡利亞，《犯罪與刑罰》，同上，126頁。

想對象的死刑，也不再只是一種可以讓人心安理得的制度而可自在地延續其歷史了，反對與思考死刑的運動使之成為人類理性歷史的一部分，也成為解構以往人性史論的重要議題之一。

貝卡利亞時代的歐陸所施行的刑罰體制，有著如下的特徵：程式不公開，不許律師之訴訟救助，使用刑訊，用刑殘酷：斬首、吊死、車裂、絞刑、車輪刑、火焚。這些層面備受十七、十八世紀啟蒙思想家們的詬病與批判。伏爾泰就曾多次挺身為死刑案件被告辯護（1762年的卡拉斯〔Calas〕案與1765年的巴勒騎士〔Chevalier de la Barre〕案）。貝卡利亞的刑法理論則在啟蒙思想中直接而準確地質疑該司法體制的原則基礎。他追隨盧梭《社會契約論》的思路，認為社會是建立在契約之上的，而契約關係的前提條件要由法律來規定，要確保法律受到尊重，就需要有刑罰。刑罰，也就是懲罰權，乃是社會成員為了保衛社會契約不受侵犯而讓渡給社會的權利，其目的不是要排斥或消滅罪犯，而是要保衛社會。因此，刑罰的本質與量刑就應依據其社會效用來規定。他也正是從社會契約論這種自由讓渡原則出發而主張廢除死刑的。與盧梭強調社會有權處死僭越契約者不同，貝卡利亞認為死刑不屬於權利的範疇，因為，誰也不會把殺死自己的權利讓渡給別人。因此，處死犯規者乃是對社會契約論的自由原則的違背。同樣的，對貝卡利亞來說，刑罰的嚴酷性也違背了社會契約的公正及本質。因為刑罰不僅是用於懲罰犯罪者的不人道，也用於懲罰其不公。貝卡利亞並不以善惡、宗教與道德標準來討論罪與罰的問題，而只根據其社會有用性。在他看來，司法問題完全

是世俗性的問題，它不涉及神，只涉及人。另外，他還特別指出了死刑的無用性與不必要性：因為多數犯死罪的人都沒有因為有死刑的存在而不去犯罪，而對多數觀看死刑行刑場面的人來說，如同看戲，同情與蔑視感參半，死刑的威懾性因而十分有限，而使人長期失去自由的終生監禁比死刑的懲戒作用要大得多。

康德（1724-1804）不贊同貝卡利亞的觀點，認為他受制於人道主義同情心的支配從而斷定死刑不正當，斷定死刑不應包含在原初社會契約中。康德認為他的說法不過是「詭辯（sophisme），是對法律的誤解（fausse interpretation）」。在康德看來，沒有人受罰是出於自願的，一個人之所以受罰，那是因為他有可罰的行為。立法者不能同時具有受法律懲罰者的聲音與立場。立法者是神聖的，在立法的時候受純粹的立法理性的支配制訂刑法，以對付犯法者，包括自身在內的潛在罪犯，當然那個潛在的罪犯是作為立法者自我的他者（homo phaenomenon）而呈現的，制訂死刑的不是人民（由個體組成集體），而是法庭（公共正義的化身），換句話說，它不包括潛在的罪犯。在社會契約中既不包含讓渡懲罰權的承諾，也不包含讓渡自我及其生命的支配權。因為如果懲罰權得有惡人的某種承諾的作為基礎的話，那他恐怕就會讓自己擺脫受罰的處境，這樣一來，罪犯恐怕就成了自己特殊的法官。貝卡利亞思辯的關鍵錯誤在於他從犯罪

者個體判斷的立場出發去考慮問題。[141]

　從康德的角度去看，立法者是抽象的公共正義，不是人民，死刑因此並不包括在社會契約之中，也不屬於公民讓渡權利的內容。那麼死刑的合法來源是什麼呢？康德的立場是同罪原則：即殺人者死。「別無他種替代物可以滿足公正原則，因為在生與死之間沒有公分母，所以在犯殺人罪與其他抵罪方式之間不存在對等關係，唯一的選擇是處死罪犯，但不能虐待之，因為虐待犯人會使人性在受虐者的人格演變中成可恥的對象。即便一個公民社會的全體成員同意社會自行解散，關在牢裏的最後一名殺人犯也得處決掉。」[142]但他也意識到「殺人者死」的同罪原則並不能貫穿死刑原則的始終，比如叛亂、決鬥、母殺嬰都成為這條原則的例外[143]。另外，康德的論點還有一個悖論，他說犯罪使一個人喪失自己的公民人格，而接受刑罰乃是公民人格尊嚴的體現，一個殺人犯只有接受死刑才有尊嚴，一個選擇徒刑的殺人犯比一個選擇死刑的殺人犯更具可懲性。[144]這種辯論似乎要求的是，喪失公民人格者得以公民的身分接受刑罰以體現公民人格的尊嚴。在立法者與犯罪者之間康德劃上了一道不可逾越的鴻溝，但在公民人格喪失與公民人格尊嚴之間，像是沒有發生任何變化。要求犯罪者在非公民的狀態下體現公民的人格，是不是有點要求過高？

---

141 Kant, 《Du droit de punition et de grâce》（論懲罰權與赦免權），*Métaphysique des moeurs II: Doctrinc du droit/Doctrine de la Vertu*,（《道德形上學：法原理與美德原理》），Alain Renaut 法譯本，Paris, GF-Flammarion, 1994，頁157-158。
142 同上，頁154-155。
143 同上，頁155，158-159。
144 同上，頁150，155-156。

這是發生在政治思想領域的死刑存廢之辯的一個範例。從某種意義上講，對歐洲思想界發生了重要影響的大哲康德，在死刑問題上的這些見解遠不及比他年幼十四歲的貝卡利亞，因為，二百多年後，歐洲有了全面廢除死刑的現實，世界開始了廢除死刑的運動。貝卡利亞的理想還在由思想變為現實，而康德所贊成的同罪原則在很多國家已成為了歷史。

二、司法制度領域的死刑廢除之進退：廢除死刑從理論進入到實踐並成為歐洲各國刑罰制度的根基之一，所遇困難之大，情形之複雜，已有數量相當大的文字記錄。這裏僅舉法國與美國為例。

1981年10月10日，法國的《政府公報》上頒佈了該年度第908號法，其第一條款宣佈廢除死刑。這一天法國長達一個多世紀的死刑存廢之爭劃上了句號。為法國劃上這個句號的關鍵人物是當時的司法部部長大律師羅伯特‧巴丹戴爾（Robert Badinter）。他先後在兩本書（《死刑執行記》〔L'Exécution, 1973〕和《死刑廢除記》〔L'Abolition, 2000〕）中記錄下他為死刑犯辯護與為廢除死刑而奮鬥的心路歷程：那個時候他常常受到民眾的誤解，每次辯護完了之後，都會碰到冷遇，甚至謾罵和威脅。1972年，他為因圖謀越獄夥同主犯殺死兩名人質而被判死刑的博丹（Bontems）爭取共和國總統蓬皮杜（Georges Pompidou）的赦免，沒有成功而親自目睹了博丹上斷頭臺的場景，那「鍘刀乾澀的響聲」使他堅定了與死刑制度抗爭到底的信念。此後，他就不再單純地從律師的角度去努力，而是以影響政界、影響立法的途

徑去推動廢除死刑的實際歷史進程。1981年，法國碰上了千載
難逢的好時機，這一年法國準備將其刑法與其他西歐國家的刑法
協調，而當時除了土耳其外其他西歐國家都從理論或事實上廢除
了死刑。另外，這一年也正值法國總統大選，主張廢除論的左派
是巴丹戴爾遊說的主要對象，而右派議員中也不乏廢除論的同情
者，前任總統希拉克（Jacques Chirac）就是其中之一。更絕的是
右派議員皮埃爾·巴斯（Pierre Bas）從1978年到1980年三年中，
一直力圖通過取消死刑執行者的工資預算，使死刑被懸置。密特
朗（François Mitterrand）在當選總統的當下，就利用他的總統赦
免權赦免了六個等待行刑的死刑犯並任命巴丹戴爾為司法部長。
使得國民議會得以在巴丹戴爾的主持下於1981年9月17日審查、
辯論並通過了廢除死刑法草案。由於當時民意測驗表明，三分之
二的法國人反對廢除死刑，如果採用全民公決的辦法肯定通不
過。法國在此問題上最終採用的是政治解決的辦法。

　與法國不同，美國所走的道路頗為曲折，至今未能了結死刑的
性命。幾起幾落的死形廢除運動在美國始於十八世紀三十年代，
當時的初步成果是停止了公開執行吊刑；十八世紀末出現的第二
波是由電刑的引入而引發的，反對電刑的殘酷性最終使十個州通
過立法停止了死刑執行。第三波出現於二十世紀六十年代，廢除
論從立法程式轉入司法領域，據海恩斯（Herbert H. Haines）在
《反對死刑：美國的死刑廢除運動：1972-1994》[145]中的研究，

---

145 Herbert H. Haines, *Against Capital Punishment: The Anti-death Penalty in America, 1972-1994*, Oxford: Oxford Univ. Pr., 1996.

二次大戰前後美國的死刑處決減少，有人認為這與歐洲出現的大屠殺及其戰後普遍懸置死刑的潮流不無關係。這種情形使得美國廢除死刑的社會條件有所改善，從而迎來了美國死刑歷史上最具象徵意義的事件：1972年美國聯邦最高法院以「弗裏曼（Furman）判決」的初審判決違憲為由，駁回下級法院的判決，認為該案判處死刑的程式有法院自由裁量權專斷權之嫌。同年六月，聯邦最高法院以五票對四票的微弱多數作出現行死刑制度違反美國憲法修正案第八條禁止「非常殘酷刑罰」條款，並判決死刑違憲而使之無效。由此可見，這次對死刑的死刑宣判的主要論點是：死刑審判程式及其執行方式有違憲法。它使美國全國在五年內停止了死刑執行，六百多死囚得以免死。這一決定一方面深化了美國廢除死刑的運動，另一方面引起存置論者強烈的反彈，相信死刑對暴力犯罪是最好的威懾的尼克森（Richard Nixon）總統堅持他的信仰，並希望該項決定不適用於綁架和劫持飛機罪；一位副州長怒斥說「這個國家多數最高法庭喪失了對世界的真實感」；另一位州長則認為「該決定無異於給無政府主義、強姦和謀殺發了個通行證」。之後，廢除與恢復死刑之爭就在這個國家全面展開。由於這個決定的技術性特點，使死刑制度的恢復有機可趁。1977年猶他州槍斃了弗裏曼案後第一個死囚。此後，不少州都以死刑程式得以完善與死刑行刑技術已經改良而陸續恢復了死刑。

三、**亞洲的死刑存廢進展**：儘管死刑廢除論的論點並不總是沒有漏洞的，而且普遍廢除死刑的條件比各國廢除死刑制需要的努

力更多。由於死刑制度是人類的發明物，由人類自身來放棄它，也就不可能是無條件的。但值得深思的是，為什麼在馬克‧安雪爾（Marc Ancel）的「死刑地理圖」上，保留死刑的國家主要是亞洲與伊斯蘭國家，基督教文明中除了美國的部分州之外全都廢除了死刑？美國兩位學者在2009年出版的著作中將亞洲看成死刑存廢之爭的下一個前沿陣地[146]。這是歐洲的奇蹟還是文明優劣的客觀現實？

其實，亞洲文明與廢除死刑並非絕緣。據羅傑‧胡德（Roger Hood）的研究，亞洲已廢除了死刑的國家與地區有中國香港（1993）、柬埔寨（1989），亞洲最早廢除死刑的國家菲律賓及巴布亞新幾內亞、斐濟、尼泊爾都是幾起幾落，在廢除與恢復之間打轉轉；馬爾代夫（自1952年）、汶萊（自1957）、不丹（自1964）事實上停止了死刑的執行。從政府的角度看，韓國、日本、臺灣都有過積極廢除死刑的努力：80年代韓國司法部長提出過廢除死刑的議案，韓國是亞洲保存死刑國家中首將廢除死刑提案推向立法程式的國家；在日本，從1989年11月至1993年3月，有三任司法部長拒絕簽發死刑執行令；[147]在臺灣，推動死刑廢除始於馬英九任法務部長時期，陳水扁任期時也曾經將死刑廢除當成推動臺灣民主政治的主要議題，而且臺灣在2010年之前的許多年當中連續實現了零執行的紀錄。另外，在日本、印度、韓國都

146 David T. Johnson & Franklin E. Zimring, *The Next Frontier: National Development, Political Change, and the Death Penalty in Asie*, Oxford: Oxford Univ. Pr., 2009.
147 Roger Hood, *The Death Penalty: A World-wide Perspective*, (《死刑：全球透視》) Oxford: Oxford Univ. Pr., 1998, pp. 31-37.

有很強的民間廢除死刑的運動，印度大哲甘地是強烈的死刑廢除論者，在日本，以瀧川幸辰（1891－1962）、木村龜二（1897－1972）、正木亮（1892－1971）、團藤重光等為代表的廢除論法學家形成了一支重要的思想壓力團體；上個世紀八十年代以後，韓國社會中一直存在著激烈的保留論與廢除論的辯論，成立於2003年的臺灣廢除死刑推動聯盟這些年所作出的出色努力[148]，以及他們所建立的一種思想辯論的公共空間日益引起國際社會的關注。值得關注的是長期沉默的中國大陸在進入二十一世紀初始終於走出了關於死刑一體的思想死寂局面。

四、中國的死刑存廢之爭：進展與問題：應該說中國最早思考死刑的人是沈家本先生。沈先生清末主持修訂法律時，深悉「廢止死刑之說，今喧騰於世，而終未能一律實行者，政教之關係也」[149]。鑒於中國當時的「國情」，他只就死刑統一劃一的可能性進行了理論研究和實際推動。由於他的努力，中國法定的死刑終於由常法中的兩種（斬與絞）統一為一種，死刑執刑處也從公開場所轉入監獄內。

三十年代民國司法界也有關於死刑存廢之爭，但由於中國政局動盪，沒有獲得實質性的進展。

近十年來，中國大陸法學界出現了有關這一主題的越來越深入的討論。除2002年在湖南湘潭舉行的國際專題研討會外，各種

---

148 臺灣廢除死刑推動聯盟主編，《死刑存廢的新思維》，臺北：元照出版公司，2009。
149 「死刑惟一說」，同上。

專著、專題討論也逐漸增多。雖然比起美國近五千條的書目並不算多，但已屬難能可貴了。看起來中國法學者中，持廢除論者觀點的占極少數，多數論者屬於「應然的廢除論者與實然的存置論——限制論者」。持此種態度的學者可以以北京大學法學院的陳興良教授為代表。他所主持的論壇，討論已深入到改善中國的現行死刑制度的方方面面，如嚴格限制刑法中死刑罪名（停止將死刑擴至經濟犯罪）：2010年13個死刑罪名在新修訂的刑法中得以廢除，完善死刑審判程式的缺陷，一是最高法院收回死刑核准權以統一全國的死刑復審標準（這一條2007年實現），二是健全死刑二審審理的機制以確保死刑判決的公正性。可以說這是存置論者目前最為出色的貢獻，值得敬佩。從目前的情況看，限制死刑的努力在中國司法界雖然形成了一定共識，但落實的阻力仍不可忽視。最近雲南的李昌奎死緩案所引發的社會爭論就是個突出的個案。它反映的不僅是死刑本身的問題，更涉及刑罰制度的整體安排，乃至社會對後者的基本認知與態度。